Iphone15 Guía del para personas mayores

Domine su dispositivo con instrucciones paso a paso

POR

FULGENCIO PATRICIO

Este libro pretende ser una guía para que principiantes y personas mayores comprendan y utilicen el iPhone 15. El autor y el editor han hecho todo lo posible para garantizar la exactitud de la información contenida en este documento. Sin embargo, la información contenida en este libro se vende sin garantía, ya sea expresa o implícita.

Las marcas comerciales y los nombres de productos mencionados en este libro son propiedad de sus respectivos dueños. El autor y el editor no están asociados con ningún producto o proveedor mencionado en este libro.

Sobre el Autor

FULGENCIO PATRICIO, entusiasta de la tecnología, tiene talento para desmitificar ideas complicadas para personas de todos los ámbitos de la vida. Ha creado este completo manual para ayudar a principiantes y personas mayores a aprender a usar el iPhone 15 debido a una gran pasión por la electrónica y una dedicación a ayudar a otros a aprovechar la tecnología.

FULGENCIO PATRICIO lleva años aprendiendo sobre el mundo de los dispositivos móviles y ofrece en este libro una combinación única de conocimiento técnico y un estilo cercano. Este manual es una prueba de su compromiso para que la tecnología esté al alcance de todos.

Descripción

¿Es usted una persona mayor conocedora de la tecnología y deseosa de mantenerse conectada con sus seres queridos y explorar el mundo digital, o un principiante que recién está comenzando su viaje en el apasionante reino de los teléfonos inteligentes? ¡No busque más!
En la 'Guía del iPhone 15 para principiantes y personas mayores ', hemos diseñado un manual completo y fácil de usar para satisfacer sus necesidades. Con instrucciones paso a paso, ilustraciones claras y un enfoque paciente, esta guía está diseñada para quienes son nuevos en el uso de iPhone o buscan mejorar sus habilidades. En su interior descubrirás:
- Instrucciones fáciles de seguir para configurar y personalizar su iPhone 15.
- Consejos y trucos para navegar con confianza en la última versión de iOS .
- Aplicaciones y funciones útiles para mejorar tu vida diaria, desde mensajería hasta fotografía.
- Soluciones de resolución de problemas para problemas comunes, haciendo que su experiencia con el iPhone sea fluida y sin frustraciones.

- Consejos elaborados explícitamente para personas mayores, lo que garantiza que se sienta empoderado y en control de su vida digital.

Ya sea que esté buscando conectarse con familiares y amigos, capturar recuerdos preciados o explorar el vasto mundo de las aplicaciones, esta guía lo tiene cubierto. Abrace el futuro con la 'Guía del iPhone 15 para principiantes y personas mayores ' y haga que su iPhone funcione para usted, y no al revés. Es hora de embarcarse en un viaje agradable y fluido con el iPhone.

Tabla de contenido

Introducción

Bienvenido a la "Guía del iPhone 15 para principiantes y personas mayores ". Este libro es un testimonio de la idea de que, independientemente de su edad o experiencia tecnológica, todos merecen la oportunidad de aprovechar todo el potencial de su iPhone. Ya sea que sea una persona mayor que busca mantenerse conectada con sus seres queridos y explorar el mundo digital o un principiante que da sus primeros pasos en el apasionante reino de los teléfonos inteligentes, hemos creado esta guía pensando en usted.

En los siguientes capítulos, nos embarcaremos en un viaje que desmitifica el iPhone 15, la última y mejor versión de Apple, asegurándonos de que puedas navegar con confianza por sus características, funciones y capacidades. Hemos elaborado cuidadosamente esta guía para que sea tan accesible y fácil de usar como el propio iPhone, convirtiéndola en el compañero ideal para su exploración digital.

Nuestro objetivo es brindarle el conocimiento y las habilidades para que su iPhone funcione para usted, integrándolo perfectamente en su vida diaria. Desde configurar su dispositivo por primera vez hasta dominar el último iOS , le brindaremos instrucciones paso a paso, valiosos consejos e información valiosa para mejorar su experiencia con el iPhone.

Para las personas mayores, el mundo digital a veces puede parecer abrumador y la curva de aprendizaje puede parecer pronunciada para los principiantes. Sin embargo, este libro está aquí para derribar esas barreras, cerrar la brecha generacional y garantizar que el iPhone se convierta en una fuente de alegría y empoderamiento.

Al embarcarnos en este viaje, recuerde que el aprendizaje es una aventura que dura toda la vida y que el iPhone es su compañero de confianza. Por lo tanto, lo tenemos cubierto ya sea que esté ansioso por conectarse con familiares y amigos, capturar recuerdos preciados o explorar el vasto mundo de las aplicaciones.

Es hora de abrazar el futuro con los brazos abiertos. Hagamos de este iPhone tu iPhone, adaptado a tus necesidades, deseos y preferencias. Entonces, pasa página y comencemos esta emocionante aventura de descubrimiento y empoderamiento con el iPhone 15.

Capítulo uno

Configurar iPhone 15

Déjame mostrarte cómo configurar un iPhone 15 o iPhone 15 Pro desde cero. El proceso de configuración es el mismo independientemente del iPhone 15 que tengas. Debería poder configurar cualquier modelo de iPhone 15 . Continúe y ábralo porque hay un par de cosas diferentes con el iPhone 15 y lo que se incluye en la caja. Entonces, dentro de la caja, obtienes el iPhone 15. Hay algo que solía venir con cada iPhone. Todavía lo hace. Obtienes una pegatina de Apple e instrucciones.

Pero ahora obtienes un cable nuevo que no tenías antes, y este es un cable de carga USB-C, no el tipo Lightning que hemos tenido durante 15 años con el iPhone.

Por eso, esta conexión se está convirtiendo en el estándar en muchos dispositivos diferentes. Las computadoras Mac ahora tienen esto, y en ambos lados habrá USB-C. Entonces, si tienes el cubo viejo, lamentablemente este no viene con eso. Entonces debes conseguirlo para cargar tu nuevo teléfono. Este solo viene con el cable. Sería útil si todavía tuvieras el cubo. Ese es un cargador

rápido. Ahora, con el proceso de configuración, te diré dos cosas diferentes.
Si desea configurar esto como un teléfono nuevo, puede hacerlo, y podría ser un teléfono nuevo si no desea transferir nada desde un teléfono diferente.
Y luego te cuento otra opción en la que tomas todo desde tu antiguo teléfono.

Y esto nuevamente es lo mismo para cualquier iPhone que tengas. El modelo anterior transferirá todos sus datos.
Lo único que debes hacer con tu antiguo iPhone es deslizarlo hacia abajo y asegurarte de que Wi-Fi y Bluetooth estén activados. Puede transferir rápidamente este tipo de información a su nuevo teléfono. Bueno. Entonces, con el nuevo iPhone, primero mantendrás presionado el costado durante unos segundos. Se podía ver el logo de Apple. Esto encenderá su nuevo teléfono. Así que ya viene con algo de carga para encenderlo.

- Continúe y deslice hacia arriba la pantalla de inicio.
- Elige tu idioma
- Elige tu país.
- Luego apariencia. Podrías hacer las cosas medianas o grandes. Esa es su apariencia para el tamaño y la selección de fuente.
- Presione continuar.

Ahora dirá inicio rápido. Podrías hacer esto sin un dispositivo diferente.

Pero te recomiendo que traigas tu viejo iPhone.
Esto no va a transferir nada todavía. Esto es para
ayudarle con la configuración. Por ejemplo, cosas
como Wi-Fi y algunas otras configuraciones se
transferirán.
Así que trae tu viejo iPhone; Si no tienes uno, elige
la opción en la parte inferior. Pero dirá
desbloquear para continuar. Entonces abrirás.
Ahora le indicará que tome su teléfono anterior,
coloque el cursor sobre el nuevo y escanee.
Y tan pronto como lo escanees, deberías ver la
página allí mismo. Y configurará su nuevo
teléfono con algunas cosas diferentes. Ahora tu
antiguo teléfono dirá "Configurar por mí".
Entonces podrías seleccionar esto.
Escriba la contraseña en el nuevo teléfono. Y
luego dirá , ¿quieres transferir tu númcro de
teléfono? ¿O quieres configurar esto más tarde?
Puede configurarlo inmediatamente o más tarde.
El proceso se llama configuración de eSIM .

é SIM

No es necesario que saques ninguna tarjeta SIM de tu teléfono anterior. El iPhone 14 ni siquiera tenía tarjeta SIM. Siempre fue electrónico, pero los iPhone más antiguos tenían una tarjeta física. No tienes que traerlos ahora.

Si desea realizar la transferencia desde su teléfono anterior, puede actualizar más tarde si planea descargar desde iCloud o configurarlo como un dispositivo nuevo. Entonces esto es importante. ¿Estás transfiriendo desde un teléfono diferente? En este caso, queremos configurarlo como un dispositivo nuevo. Así que no transfieras nada. Luego, debes configurar una ID de Apple o crear una.

Ahora, aquí con tu nuevo teléfono, no tienes ningún número de teléfono adjunto porque no lo transferiste. Entonces, para hacer eso, ve a la configuración allí. Y allí, en el entorno, verás la opción de celular. Configuremos eso allí. Y luego te llevará a la eSIM . Podrías transferir desde el otro iPhone, el número de teléfono. Entonces esa es la eSIM . Es un paso requerido.

Crear ID de Apple

Si tiene una ID de Apple, debe escribirla e iniciar sesión. Si no tiene una, diga que no la tiene. Y lo guiará en la creación de una ID de Apple. El ID de Apple es la forma de descargar aplicaciones y cosas así. Sería útil si tuvieras una ventana emergente. Vas a decir de acuerdo. Entonces, después de unos segundos, deberías ver esto: "Haz de este tu nuevo teléfono". Entonces, todo está configurado y listo para funcionar. Vas a hacer clic en continuar. No estoy transfiriendo nada. Habilitar ubicación. Nuevamente, te pedirá que compartas mi número. Lo vas a decir más tarde. Y ahí está el botón de acción con el nuevo iPhone. Puedes leer más sobre eso y personalizarlo. Vas a decir que ahora no. Y ahí mismo, SOS. Vas a continuar con eso. Y ahí vamos. Allí conseguiste un iPhone nuevo.

Transfiera desde su teléfono anterior.

¿Qué pasa si no quieres configurarlo como un teléfono nuevo y quieres transferir todo del teléfono antiguo al nuevo? Tienes que restablecer el nuevo teléfono nuevamente como un teléfono nuevo. Entonces ve a configuración, ve a general. Y luego, si vas a la parte inferior derecha aquí, dice restablecer tu iPhone. Por cierto, ese es el nuevo teléfono. No puedes hacerle eso a tu teléfono anterior. No quieres perder tu información. Y podrías restablecer todo. Entonces, borre todo el contenido y la configuración.
Y lo configurará nuevamente como un teléfono nuevo. Para que puedas transferir desde el teléfono antiguo.

Configura tu contraseña.

Por lo tanto, es esencial mantener sus datos seguros. Continuarás y crearás una contraseña. Tiene diferentes opciones de contraseña si desea crear un código numérico de cuatro dígitos, un código personalizado
numérico o un código alfanumérico personalizado. Entonces estas opciones aquí, cuatro dígitos, eligen cuatro números. El código numérico personalizado

es un código numérico más extendido, de más de cuatro o seis dígitos. Y luego, con un código alfanumérico personalizado, puede usar texto o números en la cadena exacta de códigos de acceso. Entonces, todo lo que tienes que hacer es seleccionar el método que desees.

Cuanto más larga sea su contraseña, más difícil será adivinarla, más segura será y luego le pedirá que vuelva a ingresar su contraseña después de haberla ingresado por primera vez. Y ahora creará con éxito una contraseña en el iPhone.

Capitulo dos

La página de inicio

La página de inicio está compuesta de aplicaciones, que son pequeñas aplicaciones, y tenemos algunos widgets en la parte superior. También notarás una base en la parte inferior que contiene cuatro aplicaciones que siempre permanecerán en la página. Verás que cuando navegas, nunca se mueve y la guía se realiza mediante toques y gestos con los dedos. Entonces puedes deslizarte hacia la izquierda para ir a una segunda página de inicio, deslizarte hacia la derecha para regresar y, si te desplazas hacia la izquierda, aparecerá tu biblioteca de aplicaciones.

biblioteca de aplicaciones

La biblioteca de aplicaciones es una forma rápida de buscar en la parte superior aquí cualquier aplicación en su teléfono. Entonces, si estuvieras buscando la cámara, la escribirías y aparecería. De manera similar, si deslizamos el dedo hacia la derecha, tenemos una biblioteca de widgets donde podemos compilar y agregar widgets de varias cosas.

Por ejemplo, queremos comprobar el medidor de batería, algunas acciones y su calendario.

Abrir una aplicación

Ahora, abrir una aplicación es bastante sencillo. Todo lo que tienes que hacer es tocarlo, la aplicación se abre y puedes navegar por la aplicación simplemente tocando o deslizando el dedo, dependiendo de lo que necesites hacer con ella.

Salir de una aplicación

Cada vez que quieras salir de una aplicación, desliza el dedo hacia arriba desde la parte inferior; Saldrá de la aplicación y te llevará de vuelta a la pantalla de inicio. Ahora, cuando abres aplicaciones como páginas web, por ejemplo, quieres ir al sitio web de Apple, puedes desplazarte hacia arriba y hacia abajo con un dedo así. También puede acercar con dos dedos y pellizcar hacia afuera para acercar y pellizcar hacia adentro para alejar. Una vez más, para salir, desliza hacia arriba y regresa a la pantalla de inicio.

Ahora, hablemos de organizar estas aplicaciones.

Cómo eliminar aplicaciones en tu teléfono.

Puedes eliminar las aplicaciones si no las quieres o si no son útiles, y es bastante simple. Tocarías y mantendrías presionado, lo que mostraría opciones adicionales. Cada aplicación tiene su variación de opciones con las que luego puedes trabajar, usar o eliminar la aplicación.

Entonces, tocará eliminar y luego hará clic en eliminar aplicación. Sin embargo, si desea eliminar una aplicación de su pantalla de inicio porque ocupa espacio, puede optar por eliminarla. No se eliminará de tu teléfono, pero aún podrás acceder a ella en la biblioteca de aplicaciones; Ahora, cada vez que eliminas una aplicación, puedes descargarla nuevamente desde la tienda de aplicaciones, y ahí es donde obtienes todas tus aplicaciones.

Cómo organizar tus aplicaciones en un archivo

Ahora, a medida que sigas usando tu iPhone, lo llenarás de diferentes aplicaciones y se llenará de cosas. Si desea organizarlos en carpetas, es sencillo de hacer. Entonces, una vez más, simplemente tocará y mantendrá presionada una aplicación, y continuará presionando hasta que comience a temblar. Puede arrastrar las aplicaciones para moverlas a diferentes áreas cuando comience a moverse. Digamos que queremos bajar la aplicación de salud. Podemos hacer eso y verás que la billetera salta a la parte superior. Incluso puedes mover aplicaciones a otras páginas. Vas al límite y puedes hacerlo. Podemos comenzar una página nueva. Pero si desea crear carpetas y compilar diferentes aplicaciones, todo lo que debe hacer es tomar la aplicación que desea colocar en una carpeta y colocarla encima de otra aplicación con la que desea crear una carpeta. Cuando haces eso, se crea una carpeta automáticamente. Luego puede cambiar el nombre de la carpeta al que desee. Toque Listo y podrá continuar agregando aplicaciones como esa en esa carpeta hasta que haya terminado. Cuando haya terminado, simplemente toque Listo, las aplicaciones dejarán de temblar y podrá continuar usando su teléfono.

Eliminar widgets y moverlos

Cuando se trata de eliminar widgets y moverlos, se hace de la misma manera que las aplicaciones.

Descarga de aplicaciones desde la App Store.

Entonces tocarás para abrir la tienda de aplicaciones, te llevará a la página superior y podrás ver qué está pasando con las diferentes aplicaciones allí. Tienes juegos allí mismo y verás todos los juegos disponibles. Tienes las aplicaciones allí para que puedas desplazarte por una lista de aplicaciones allí. Arcade es un servicio pago de Apple, por lo que depende de ti probarlo. Y luego tienes una opción de búsqueda allí. Entonces, abra la sección de aplicaciones y podrá ver bastantes aplicaciones entre las que puede elegir. Si quieres un Disney Plus, puedes tocarlo para ver una vista previa de la aplicación, leer un poco más sobre ella y cada vez que quieras obtener la aplicación, puedes tocar obtener.

Vas a hacer doble clic y usar Face ID. Bien, si no tienes un Face ID en tu teléfono, te pedirá que ingreses la contraseña de tu ID de Apple. Una vez que la aplicación haya terminado, verás que dice abrir. Puedes tocar para abrirlo y lo abrirá. específica . Nuevamente, puedes deslizar hacia arriba para cerrar y acceder a esa aplicación en cualquier momento porque aparece en tu pantalla de inicio.

Capítulo tres

Widgets y cómo podemos agregarlos

Entonces, de forma predeterminada, Apple agrega estos dos por su cuenta . Podemos eliminarlos simplemente tocando y manteniendo presionado, y si queremos agregar nuestros widgets, tocaremos y mantendremos presionado un espacio de la pantalla de inicio aquí, y notarás que aparece un signo más en la parte superior izquierda. Tocaremos eso y se abrirá su biblioteca de widgets, donde podemos buscar nuestros widgets y ver lo que desea agregar. Entonces, por ejemplo, puedes desplazarte hacia abajo sin siquiera buscar y digamos que quieres un reloj mundial. Puedes seleccionarlo, y al abrir la selección, puedes deslizar hacia la izquierda y hacia la derecha para ver las diferentes opciones que te ofrece dentro de ese widget. Entonces puedes ver el que es bastante grande. Le muestra un banner completo en la parte superior, donde uno es mucho más pequeño y los demás son todos más pequeños y van completamente hacia la izquierda. Así que, dependiendo de lo que quieras, elige la talla que quieras. Entonces puedes ir con el pequeño cuadrado básico allí y tocarás agregar widget.

Automáticamente, lo agrega a la parte superior de tu pantalla. Puedes moverlo si lo deseas, pero agrega otro y me gustaría que agregues el widget de batería. Esto es beneficioso si tienes AirPods o un reloj Apple u otros dispositivos Apple; Podrá ver todos esos porcentajes de batería, incluidos los casos allí mismo, dependiendo de cuál elija.
Cuando hayas terminado nuevamente, puedes tocar Listo y

Has agregado ese widget. Pasando a la biblioteca de widgets, puedes hacer cosas muy similares. Entonces, si desea eliminar algo, puede tocar y mantener presionado. Puedes eliminar ese widget así como así. Si agrega nuevos dispositivos a la biblioteca, desplácese hasta la parte inferior, toque editar y luego toque el signo más en la parte superior, y se verá igual. Puedes revisar las aplicaciones allí, y si te desplazas hacia abajo, puedes ver más cosas como el clima y fotos y cosas así que puedes agregar. Pero como dije, me gustaría que agregaras ese widget de batería, el grande, así que hazlo . Puedes ver lo grande que es y moverlos así, arrastrándolos donde quieras.
Toque Listo cuando haya terminado, y así es como usa los widgets con el iPhone 15.

Los conceptos básicos de la configuración del iPhone

Se realiza a través de la aplicación de configuración. La configuración controla todo lo que sucede con el teléfono, por eso querrás saber dónde está todo. Para empezar, en la parte superior tenemos algunas configuraciones de conexión y tenemos *el modo avión para que* puedas activarlo; Lo que eso hace es que deja fuera de servicio tu red móvil, *tu Wi-Fi y* tu *Bluetooth* . Si estás en un avión o en una zona que no quieres usar, también ahorra un poco de batería cuando lo enciendes. La segunda es tu red Wi-Fi , por lo que si alguna vez necesitas conectarte a una red Wi-Fi, puedes abrirla, buscarla en tus redes y conectarte a ella. En el mismo sentido, a continuación se encuentra el Bluetooth, por lo que abrirás la configuración de Bluetooth y lo vincularás con cualquier dispositivo Bluetooth al que quieras conectarte. Debajo está la información de su red celular para que pueda abrirla y le permitirá conectarse. Verás muchas más configuraciones allí que podrías usar para conectarte a 5G LTE y encender y apagar cosas así. A continuación se muestran las notificaciones, y debe vincularlas y configurarlas correctamente según lo que desea recibir. Para que puedas ver cómo están configurados los avisos ahora mismo. Tenemos FaceTime Find My Game Center , y la forma en que están configurados es que enviarán pancartas en la pantalla de bloqueo, centro de notificaciones y cosas así. Si no desea recibir notificaciones de ninguno de estos, puede desactivarlas. Le ahorrará algo de batería y borrará esas notificaciones, y podrá revisar todas sus aplicaciones a medida que las agregue y ver qué tipo de notificaciones le envían y cuáles desea y cuáles no. Lo divertido aquí son los sonidos y la sensación táctil, donde puedes cambiar tus tonos de llamada y tonos para todas las diferentes cosas que recibes, como tonos de texto o correos electrónicos y cosas así. Todo lo que tienes que hacer es tocar y podrás elegir. Te dará una vista previa del sonido y podrás seleccionar el que deseas tener, de modo que cada vez que recibas un mensaje de texto, eso es lo que escucharás.

Enfoque y tiempo frente a la pantalla.

Esas son dos configuraciones más avanzadas. Le ayuda a controlar cuánto tiempo pasa en su teléfono. También será útil si tiene hijos y no quiere que usen aplicaciones por mucho tiempo, y puede configurarlo.

Tiempo de pantalla en iPhone

Acceda a Configuración > Tiempo de pantalla, elija Actividad de aplicaciones y sitios web y luego seleccione Activar actividad de aplicaciones y sitios web.

Ver el resumen del tiempo de pantalla

Consulte un informe del uso de su dispositivo después de activar Actividad de aplicaciones y sitios web. Incluye información como cuánto tiempo pasas usando categorías de aplicaciones específicas, con qué frecuencia levantas tu iPhone y otros dispositivos, qué aplicaciones te brindan más alertas y más.

- Vaya a Tiempo de pantalla en Configuración.
- Para elegir el dispositivo que desea examinar, analice toda la actividad de aplicaciones y sitios web y luego presione Dispositivos.
- Para resumir su uso semanal o diario, elija Semana o Día, respectivamente.

Widget Screen Time para comprobar el uso de tu dispositivo de un vistazo

La instalación de un widget de Screen Time en su pantalla de inicio puede monitorear instantáneamente el uso de su dispositivo. El widget muestra información del resumen del tiempo de pantalla: cuanto más grande sea el widget que instale, más datos mostrará.

Si configura el tiempo de pantalla para los miembros de la familia usando Family Sharing, puede tocar el widget para obtener una lista de las personas de su grupo familiar. Toque el nombre de un miembro de la familia cuyo informe desee examinar.

Botón de acción

El botón de acción ahora está en el lado izquierdo del iPhone, reemplazando el antiguo interruptor silencioso. Aún puedes usarlo para silenciar tu teléfono, y ese es su propósito predeterminado. Si lo mantienes presionado, el teléfono se silenciará y podrás verlo silenciado en la parte superior del teléfono. Presiónelo nuevamente, los timbres volverán a sonar. Ahora, dicho esto, puedes controlar o personalizar lo que hace ese botón de acción. No es necesario usarlo para un interruptor silencioso. Puede usarlo como enfoque para abrir su cámara, una linterna, etc.

Configuración de pantalla y brillo

Veremos nuestra configuración de pantalla y brillo porque hay algunas aquí que querrás aprovechar. El primero es el modo claro y oscuro. Supongamos que estás blando en este momento. Cuando cambias al modo oscuro, puedes ver allí mismo lo que sucedió y todo el teléfono pasará por ese modo oscuro. Es más fácil para ti, pero puedes cambiar el tamaño del texto y ajustar el brillo de tu teléfono allí. Entonces, si es demasiado brillante, puedes bajarlo. Puede activar y desactivar el tono verdadero. El iPhone 15 tradicional y el 15 plus no tienen esa opción, pero si quieres desactivarla para estos, lo que hace básicamente es bloquear tu teléfono, y puedes bloquear tu teléfono en cualquier momento presionando ese botón lateral; mantendrá la pantalla encendida.

Si no te gusta, puedes desactivar esa función y luego, cuando bloquees tu teléfono, tendrás la tradicional pantalla negra.

Capítulo cuatro

Establece la carga máxima de la batería del iPhone 15 al 80%.

Inicie la aplicación Configuración. Haga clic en Batería y luego elija Estado y carga de la batería. Haga clic en Optimizar carga. Seleccione la casilla de verificación Límite del 80% para activarla. Seleccione Carga de batería optimizada o Ninguna si es necesario.

iPhone se apaga

El iPhone se apaga únicamente porque ya no es solo presionar un botón. Así que vas a mantener presionado el botón lateral aquí. Y así es como se llama botón lateral. Y también insistirás en cualquiera de estos controles de volumen simultáneamente. Entonces vas a presionar ambos juntos, mantén presionado. Esta pantalla dirá deslizar para apagar cuando vea aparecer esta pantalla. Y eso es todo lo que debes hacer es deslizarlo para quitarlo y el iPhone se apagará solo.

iPhone se enciende

Siempre que necesites volver a encender tu iPhone, simplemente mantendrás presionado el botón lateral. Y cuando veas el logo de Apple, puedes esperar. Por lo general, demora entre 10 y 30 segundos, dependiendo de qué tan lleno esté su teléfono de aplicaciones y qué tan antiguo sea. Ahora que nuestro teléfono está encendido, verás la pantalla de bloqueo. Y cada vez que vuelvas a encender tu teléfono, tendrás que ingresar tu contraseña para volver a acceder a tu teléfono. No podrás utilizar Face ID. Simplemente no funciona. Tienes que usar la contraseña.

Por eso es esencial no olvidarlo, pero puedes acceder a esa pantalla de bloqueo en cualquier momento simplemente presionando el botón lateral que bloquea el teléfono. Por lo tanto, nadie puede acceder a él a menos que conozca su contraseña y tenga una huella digital o una identificación facial, dependiendo de su iPhone.

Pero hay algunas opciones y habilidades que puedes usar dentro de esta pantalla de bloqueo. Puedes acceder a tu cámara presionando y manteniendo presionada esta pequeña opción aquí, y se abrirá la aplicación de tu cámara muy rápidamente. Para que puedas tomar algunas fotos. Y ésta de aquí es una linterna. Mantenga presionado eso; Pronto encenderá tu linterna cuando sea necesario. Lo apagaremos. Pero lo que hace que la pantalla de bloqueo sea única es la capacidad de personalizarla, usar fondos de pantalla y personalizar el fondo de pantalla directamente desde allí.

Sólo podrás hacerlo desde aquí si tienes habilitado Face ID. Entonces, si tiene Face ID habilitado, observe que el pequeño ícono de candado aparecerá allí.

Entonces, lo que debes hacer es mostrarte el teléfono a la cara. Y una vez que vea tu cara, debería desbloquearse allí mismo. Y luego simplemente mantendrás presionada la pantalla de bloqueo.

Crear fondo de pantalla

Personalizar tu fondo de pantalla siempre es encantador y el iPhone es un sistema único. Entonces, solo desde la página, podemos agregar un nuevo fondo de pantalla y elegir entre muchos allí. Y hay formas únicas de personalizar y jugar con los fondos de pantalla. Una vez más. Puede obtener una vista previa de cómo se verá antes de agregarlo. Y también puedes hacer algunas modificaciones allí. Puedes usar emojis , fotos de tu secuencia de fotos o el clima; Depende de usted, pero el fondo de pantalla está ahí y puede agregar varios fondos de pantalla. Para que puedas alternar entre ellos según las diferentes situaciones en las que te encuentres.

Una vez que veas esa página allí, te permitirá crear un montón de colecciones diferentes de fondos de pantalla que puedes usar. Tenemos este ahora mismo, pero podemos crear uno nuevo. Y si creamos uno nuevo, con solo tocar nuevamente, veremos las mismas cosas que vimos en la sección de fondo de pantalla en la configuración. Puedes conectarte con emojis , fotos y todo eso. Pero es un poco más rápido y accesible desde la pantalla de bloqueo. Digamos que queremos configurar el morado. Ahora que lo abrimos, podemos usar esta opción para deslizarnos entre los estilos. Vapor, brillante, sólido, etc.

También podemos tocar en esas casillas y cambiar las fuentes, los colores y el tamaño. Podemos tocar en la parte superior aquí y agregar diferentes widgets si queremos. Entonces, si quisiéramos, digamos, nuestro monitor de actividad allí arriba, podríamos agregarlo. Puede agregar widgets a continuación. Nuevamente, si quisiéramos agregar nuestro widget de batería, podríamos hacerlo. También podríamos añadir uno más grande como el cepo. Y digamos que queremos agregar nuestro despertador aquí. Puedes personalizar esto como quieras. Cuando haya terminado, puede tocar agregar. Puede elegir configurarlo como su par de fondos de pantalla, que sería el fondo de pantalla de su pantalla de inicio y su pantalla de bloqueo, o personalizar la pantalla de inicio directamente desde aquí, donde puede realizar algunos cambios cuando quiera volver a cambiar, toque y Mantén presionado con la pantalla del iPhone desbloqueada, obviamente, y luego podrás volver al que desees.

Notificación

Entonces, primero, al bajar desde la parte superior en el medio aparece el centro de notificaciones. Se ve exactamente como la pantalla de bloqueo aquí, pero le mostrará todas las notificaciones en una lista, o como la haya configurado. Podrían ser mensajes de correos electrónicos de personas a los que no has respondido y puedes interactuar con ellos allí. También puedes acceder a la configuración rápida tirando desde la parte superior. Éstas son una forma rápida de acceder a la configuración de red, configuración de pantalla y aplicaciones rápidas en la parte inferior. Por lo tanto, sería útil que pasaras por la página de configuración principal, pero tienes el modo avión, wi-fi y Bluetooth disponibles allí. Y lo que es notable aquí es que si mantienes presionadas esas opciones, a veces tienes opciones adicionales que puedes usar, como AirDrop , para enviar archivos entre dispositivos iOS y Mac rápidamente. Es más avanzado, pero es una excelente característica de aprendizaje. Así que puedes pausar cosas si estás reproduciendo una película o música; usted lo verá. Por lo general, tiene una pequeña versión de lo que estés escuchando.

Ajustes visuales

Tu configuración de pantalla. Puedes controlar esto simplemente subiendo y bajando. También puedes tocar y mantener presionado y aparecerá un interruptor de modo oscuro, un turno de noche y un tono adecuado. Si desea alternar entre los modos oscuro y claro, puede hacerlo. El turno de noche es una característica excelente a considerar usar por la noche, ya que aleja la luz azul del teléfono. Eso es algo que nos mantiene despiertos por la noche. Así que investiga eso. Tienes tu configuración de audio allí para controlar eso también. Ese no tiene ubicaciones adicionales.

Enfocar

Es más avanzado, pero te permite configurar una función de tipo no molestar para avisar a tus amigos cuando no estás disponible y evitar recibir esas notificaciones. Puedes configurarlo en la configuración. Esta opción en el medio es un botón silencioso. El iPhone 15 Pros ya no tiene el interruptor de silencio. Como hablamos, ahora es un botón de acción, pero tienes la posibilidad de usar esta opción silenciosa. Para que puedas silenciar el teléfono directamente desde la configuración rápida. Al lado hay un bloqueo de orientación. Esta es una característica excelente. Entonces, cada vez que tienes tu iPhone, digamos que estás en una página web, tradicionalmente la estás mirando; se llama modo retrato.

Batería

La duración de la batería es un gran problema para la mayoría de nosotros. Agregar un ícono de porcentaje de batería aquí es algo que siempre hago cuando compro un teléfono nuevo. Entonces toque el ícono y verá un pequeño ícono de batería que dice el porcentaje de batería allí arriba.
También es bueno tener en cuenta que allí podrá realizar un seguimiento de cómo se usa su batería, sus niveles y en qué la está usando más.
Entonces, como es un teléfono nuevo, es solo la pantalla de inicio y la pantalla de bloqueo, pero verás diferentes aplicaciones quemándose en la batería. Y, a veces, tienes que instalar o reinstalar esas aplicaciones para que dejen de consumir tanto la batería.
Y también puedes comprobar el estado de la batería. Así que la capacidad máxima sigue siendo del cien por cien, lo cual es bueno.

Capítulo cinco

Hacer llamadas en tu iphone15

Usando Face ID, tu contraseña o tu huella digital, si tu iPhone tiene Touch ID, puedes abrirlo si está bloqueado.
Busque la aplicación Teléfono en su pantalla de inicio y haga clic en ella para acceder a ella. Por lo general, tiene un receptor de teléfono blanco sobre un fondo verde.
Realizar una llamada a Existen varios métodos para marcar el número al que desea llamar:
- Usando el teclado numérico en pantalla, ingrese manualmente el número deseado tocando el ícono del teclado (a menudo ubicado en la parte inferior)
- Contactos: también puede elegir una referencia de su libreta de direcciones tocando "Contactos". Esto resulta práctico cuando llamas a alguien de tu lista de contactos.
- Reciente: para llamar a alguien con quien acaba de hablar, presione "Reciente" para ver su registro de llamadas, luego toque el nombre de la persona.

- Llamar: toque el botón verde de llamada (a menudo en la parte inferior) después de ingresar el número o elegir un contacto para realizar la llamada. Una vez establecida la conexión, verá la interfaz de llamada con opciones para silenciar, encender el altavoz, etc.

Recibir llamadas en tu iphone15

El nombre o número de teléfono de la persona que llama aparecerá en la pantalla, junto con opciones para aceptar o rechazar la llamada cuando reciba una llamada entrante.

Desliza el símbolo del teléfono verde hacia la derecha para contestar la llamada. Si su teléfono tiene Face ID, responder la llamada con solo mirarlo funcionará.

También puedes tocar "Retener y aceptar" para poner la llamada actual en espera y aceptar la nueva si tienes otras llamadas activas.

Poner una llamada en espera

Desliza el símbolo del teléfono rojo hacia la izquierda para rechazar la llamada. También puede presionar el botón "Rechazar" en rojo.

Al hacer clic en el símbolo de mensaje o en el botón de recordatorio, puede dejarle una breve nota a la persona que llama o configurar un recordatorio para devolver la llamada más tarde.

Cómo bloquear una llamada entrante

Puede presionar el botón de suspensión/activación (lateral) o el botón para bajar el volumen para silenciar una llamada entrante sin rechazarla. La persona que llama seguirá escuchando el timbre de su teléfono hasta que opte por colgar o la llamada pase al correo de voz debido a que amordaza el timbre.

Reacciones individualizadas

Puede enviar una respuesta personalizada si recibe una llamada pero no puede responderla de inmediato. Para acceder a opciones para responder, como enviar mensajes de texto a un amigo o configurar un recordatorio, deslice hacia arriba el aviso de una llamada entrante.

Recuerde tener una señal celular sólida o una conexión wifi estable para una excelente calidad de llamada. Intente reiniciar su dispositivo, actualizar su software o comunicarse con su proveedor de servicios si tiene problemas con la calidad de la llamada.

Las instrucciones anteriores cubren los conceptos básicos para realizar y recibir llamadas en un iPhone 15; sin embargo, dependiendo de la versión de iOS que esté ejecutando, la apariencia y las opciones precisas pueden diferir significativamente.

Enviando un mensaje

Ingrese la URL de la aplicación Mensajes: busque la aplicación Mensajes en su pantalla de inicio. Por lo general, parece un símbolo verde con una burbuja blanca.

Comenzando un nuevo mensaje

En la mayoría de los casos, la esquina superior derecha tendrá el símbolo de redacción, que se asemeja a un lápiz dentro de un cuadrado.

También puede comenzar un mensaje nuevo seleccionando "Mensaje nuevo" en la aplicación Mensajes.

Decidir sobre un destinatario: ingrese el nombre o número de teléfono del destinatario en el área "Para:". Puede ingresar un nuevo número de teléfono o elegir un contacto de su libreta de direcciones.

Escriba su mensaje: comience a ingresar su mensaje tocando el campo de texto en la parte inferior de la pantalla. En lugar de la entrada de voz, puede utilizar el icono del micrófono para narrar el mensaje.

Opciones de envío : Tiene las siguientes opciones para mejorar su mensaje:

Emoji y GIF: haga clic en el símbolo de emoji para acceder a la biblioteca de emoji y GIF.

Envía garabatos, latidos o toques seleccionando el ícono Digital Touch.

Enviar el mensaje: para enviar su mensaje, presione el botón azul de enviar, que suele ser una flecha que apunta hacia arriba cuando haya terminado de escribirlo.

Recibir un mensaje

Centro de avisos : su iPhone mostrará un aviso en la pantalla de bloqueo o en el Centro de notificaciones cuando alguien le envíe un mensaje. Para abrir el mensaje, tóquelo.

Abra la aplicación Mensajes para ver una lista de todas sus discusiones. Los mensajes nuevos tendrán un punto azul al lado y aparecerán en la parte superior.

Leer y responder: toque la discusión para leer un mensaje. El área de texto en la parte inferior de la pantalla le permitirá ingresar una respuesta. Toca cualquier imagen o vídeo que puedas ver.

Me gusta o reaccionar: para responder a un mensaje, manténgalo presionado y luego elija una de las respuestas disponibles, como "Me gusta", "Me encanta" u otras.

Envío de respuestas rápidas: para responder rápidamente con respuestas preestablecidas como "OK" o "Gracias", utilice respuestas rápidas o toques.

Ver archivos adjuntos: toque el ícono de archivo adjunto para ver o descargar un archivo adjunto de un mensaje.

Mensajes grupales: en un chat grupal, puede conversar con varias personas simultáneamente. La mensajería uno a uno es comparable al proceso. Tenga en cuenta que iMessage , la aplicación de mensajería del iPhone, envía y recibe mensajes utilizando su conexión a Internet (wi-fi o datos móviles). Las notas se transmitirán como iMessages si el receptor es un usuario de iMessage . Dependiendo del contenido, se enviarán como SMS o MMS en caso contrario.

mensaje

iMessage , el reconocido servicio de mensajería instantánea desarrollado por Apple, sigue siendo una característica destacada en los iPhone, incluido el tan esperado iPhone 15.

La innovadora plataforma de mensajería de Apple permite a los usuarios intercambiar sin esfuerzo mensajes de texto, fotos cautivadoras, videos fascinantes y una gran cantidad de otros contenidos atractivos con otros fanáticos de Apple a través de la vasta extensión de Internet. Esta herramienta de comunicación de vanguardia eleva la experiencia de mensajería a alturas sin precedentes, superando las limitaciones del SMS (servicio de mensajes cortos) convencional con sus notables características e interactividad.

Hoy profundizamos en el intrincado funcionamiento de iMessage , la querida plataforma de mensajería que adorna su estimado iPhone 15. Prepárese para quedar cautivado mientras desentrañamos los mecanismos internos que hacen funcionar esta maravilla de la comunicación. En esencia, iMessage integra tecnología de vanguardia y un diseño elegante, lo que permite a los usuarios entablar conversaciones fluidas y seguras. Esta característica exclusiva del ecosistema de Apple prepara el escenario para una experiencia de mensajería genuinamente inmersiva. Aprovechando el poder del cifrado de

extremo a extremo, iMessage garantiza que sus
conversaciones privadas permanezcan.

Habilitando iMessage

Asegúrese de que su iPhone 15 de última
generación permanezca perfectamente conectado a
la vasta extensión de Internet, ya sea a través de la
comodidad de Wi-Fi o de la siempre confiable red
de datos móviles.

Navegue hasta la aplicación "Configuración" en su
estimado dispositivo iPhone.

En un desarrollo reciente, se recomienda a los
usuarios que naveguen con gracia por la pantalla
hasta encontrar la codiciada opción "Mensajes".
Una vez ubicado, se recomienda un suave toque
para acceder a esta característica tan buscada.
Habilite la función " iMessage " alternando el
interruptor de estado activo (verde). Es posible que
se le solicite que inicie sesión con su ID de Apple
si aún no lo ha hecho.

Enviar un iMessage

Para acceder a la aplicación Mensajes en su iPhone
15 de última generación:

1. Localiza y toca su ícono icónico.
2. Una vez dentro, inicie un nuevo mensaje
   tocando con gracia el ícono de redacción,
   elegantemente representado por un lápiz

encerrado dentro de un cuadrado ubicado en la esquina superior derecha de la interfaz.

3. Continúe ingresando el nombre, el número de teléfono o la dirección de correo electrónico del destinatario estimado, ya que iMessage se integra perfectamente con cualquier ID de Apple registrada con iMessage o un número de teléfono convencional.

Con las bases establecidas, permita que su destreza creativa florezca mientras redacta ingeniosamente su mensaje dentro del cuadro de texto elegantemente ubicado en la parte inferior de la pantalla. Siéntase libre de embellecer su comunicación con una deliciosa variedad de emojis expresivos , GIF cautivadores y la encantadora función táctil digital, entre otras hermosas opciones, todas diseñadas para elevar el impacto de su mensaje.

Una vez que tu obra maestra esté completa, invoca al virtuoso que llevas dentro y toca el resplandeciente botón azul de enviar, elegantemente representado como una flecha que apunta hacia arriba, para enviar elegantemente tu iMessage al destinatario previsto.

Recibir iMessages

Cuando un destinatario recibe un iMessage , se materializa sin problemas dentro de la aplicación

Mensajes, brindando una experiencia de comunicación optimizada e inmersiva.

Esté preparado para presenciar el nombre distinguido o el número del remitente presentado elegantemente cuando examine su aplicación de mensajería. El mensaje se manifestará como una cautivadora burbuja azul, un símbolo inconfundible de sus orígenes de iMessage .

En una experiencia de usuario perfecta, los usuarios pueden tocar sin esfuerzo el mensaje para acceder a su contenido y comenzar a leerlo y responderlo rápidamente. Esta funcionalidad optimizada garantiza una comunicación fluida y eficiente, mejorando la satisfacción general del usuario.

Funciones de iMessage

de iMessage permite a los usuarios obtener información sobre la entrega y el estado de lectura de sus mensajes. Con esta funcionalidad, los remitentes pueden determinar cuándo su mensaje llega al dispositivo del destinatario previsto y determinar cuándo ha sido leído detenidamente. En la configuración, los usuarios pueden activar o desactivar estos recibos de lectura.

La innovadora función de indicadores de escritura de Apple permite a los usuarios discernir sin esfuerzo cuándo su interlocutor está redactando activamente una respuesta. Esta notable funcionalidad se transmite elegantemente a través de la presencia de tres cautivadores puntos animados, que sirven como una señal visual intuitiva de que el destinatario se encuentra actualmente en el proceso de escribir un mensaje. Una experiencia tan fluida y fácil de usar mejora aún más la dinámica de comunicación general, asegurando una conversación más fluida y atractiva.

iMessage de Apple ahora cuenta con una nueva e interesante característica que permite a los usuarios enviar grabaciones de audio y videos sin problemas. Esta innovadora incorporación mejora la experiencia de mensajería, permitiendo a las personas compartir sus pensamientos y experiencias de forma más dinámica y atractiva sin esfuerzo. Con la capacidad de transmitir mensajes de audio y video directamente dentro de iMessage , Apple prioriza la comodidad y la conectividad del usuario, solidificando su posición como líder en comunicación digital.

La innovadora función Digital Touch de Apple permite a los usuarios participar en un nuevo nivel de comunicación enviando sin esfuerzo bocetos cautivadores, latidos del corazón y diversos elementos interactivos. Con esta innovadora funcionalidad, los usuarios pueden expresarse verdaderamente y conectarse con otros de manera más íntima y atractiva. Digital Touch brinda una experiencia encantadora e inmersiva al mundo de la mensajería, ya sea un boceto sincero o un latido del corazón.

Animoji y Memoji : experimente el cautivador mundo de los emojis animados que reflejan perfectamente cada una de sus expresiones faciales con las revolucionarias funciones de Animoji y Memoji . Da rienda suelta a tu creatividad y comunica tus emociones sin esfuerzo como nunca antes.

La última característica de Apple, Message Effects, permite a los usuarios agregar un toque de magia a sus conversaciones. Con varios efectos especiales como globos vibrantes, confeti divertido y más, tus mensajes cobrarán vida de una manera nueva. Exprésate con color y emoción, haciendo que tus conversaciones sean inolvidables. Prepárese para deslumbrar a sus amigos y familiares con los cautivadores efectos de mensajes, disponibles exclusivamente en dispositivos Apple.

iMessage cuenta con una característica impresionante que permite a los usuarios participar en chats grupales, lo que permite una comunicación fluida con varias personas dentro de una sola conversación.

Mejora tu Experiencia iMessage con stickers y aplicaciones: Eleve sus conversaciones a nuevos niveles de diversión e interactividad descargando y utilizando sin problemas muchos stickers y aplicaciones cautivadores dentro de la plataforma iMessage .

Seguridad y cifrado

iMessage , la reconocida plataforma de mensajería, cuenta con una sólida función de cifrado de extremo a extremo que garantiza la máxima privacidad y seguridad para sus usuarios. Esta tecnología de cifrado de vanguardia garantiza que el contenido de sus mensajes permanezca estrictamente confidencial y sea accesible únicamente para usted y el destinatario previsto. Con el compromiso inquebrantable de iMessage de salvaguardar sus comunicaciones, no puede estar seguro de que sus conversaciones estén protegidas de miradas indiscretas. El compromiso inquebrantable de Apple con la privacidad del usuario se mantiene firme, ya que el gigante tecnológico asegura que no posee la capacidad de acceder al contenido de sus preciadas

conversaciones.

Capítulo Seis

Configurar el correo electrónico

Configurar cuentas de correo electrónico en el iPhone 15 de última generación es una tarea sencilla. Los usuarios pueden configurar sin esfuerzo una amplia gama de servicios de correo electrónico estimados, como el estimado iCloud , Gmail, Yahoo, Outlook y una variedad de otras opciones destacadas. Entusiastas de Apple, ¡regocíjense! Tenemos una guía exclusiva paso a paso que lo guiará a través del sencillo proceso de configuración de cuentas de corrco electrónico. Prepárese para emprender un viaje de conectividad digital mientras revelamos los secretos para configurar fácilmente su correo electrónico en dispositivos Apple. Vamos a sumergirnos de lleno, ¿de acuerdo?

Para garantizar una funcionalidad óptima, asegúrese de que su iPhone 15 esté encendido y desbloqueado.
Para acceder al funcionamiento interno de su dispositivo, navegue hasta el ilustre menú Configuración. Este terreno sagrado contiene la clave para desbloquear una gran cantidad de

opciones de personalización y capacidades de ajuste. Con un simple toque, navega a la aplicación "Configuración" en su pantalla de inicio. En un desarrollo reciente, los usuarios ahora pueden agregar fácilmente una cuenta de correo electrónico a su dispositivo. Esta interesante característica permite una integración perfecta de los servicios de correo electrónico, brindando a los usuarios una manera conveniente y eficiente de administrar sus comunicaciones. Con unos sencillos pasos, los usuarios pueden configurarlo sin esfuerzo.

En la última versión de iOS , se recomienda a los usuarios que naveguen con gracia hacia abajo en la pantalla de su dispositivo hasta localizar los codiciados íconos etiquetados como "Correo", "Contactos", "Calendarios" o "Contraseñas y cuentas". El ícono específico que se tocará dependerá de la versión de iOS que esté actualmente en su dispositivo.

En una medida que seguramente hará las delicias de los entusiastas de Apple, se anima a los usuarios a navegar hasta la codiciada opción "Agregar cuenta". Esta característica tan esperada permite a las personas integrar sin problemas cuentas adicionales en su ecosistema Apple, mejorando aún más su experiencia general de usuario. Seleccione la opción "Agregar cuenta" o una alternativa comparable que le permita integrar una cuenta de correo electrónico en la configuración de su dispositivo sin problemas.

Elija su proveedor de correo electrónico

Cuando se trata de seleccionar su proveedor de servicios de correo electrónico, tiene una gran cantidad de opciones a considerar. Entre los principales contendientes se encuentran gigantes de la industria como iCloud , Google, Yahoo, Microsoft Exchange y, por supuesto, la categoría "Otros" para quienes buscan proveedores alternativos. Todos estos proveedores ofrecen un conjunto único de características y beneficios, lo que hace que la decisión sea crucial para los usuarios. Por lo tanto, tómate tu tiempo, sopesa los pros y los contras y selecciona el proveedor de servicios de correo electrónico que mejor se adapte a tus necesidades y preferencias.

Ahora puede acceder fácilmente a sus cuentas iniciando sesión con los dctalles de su cuenta. Este proceso fluido garantiza una experiencia de inicio de sesión fluida y segura para los usuarios. Manténgase conectado con el mundo de Apple iniciando sesión sin esfuerzo y desbloqueando un mundo de posibilidades.

Proporcione la dirección de correo electrónico y la contraseña vinculadas a la cuenta deseada para una integración perfecta.

Cuando se trata de garantizar una conectividad perfecta, es fundamental proporcionar información completa, incluidos detalles del servidor y números de puerto, lo que permite una experiencia de usuario más optimizada y facilita la transmisión de datos eficiente. Las complejidades específicas de estos detalles dependen del servicio de correo electrónico que utilice, que generalmente se puede obtener en el sitio web oficial de su proveedor de correo electrónico o en su documentación de configuración completa.

En una perfecta integración de funcionalidad y conveniencia, Apple brinda a sus usuarios la capacidad de sincronizar sus dispositivos de forma selectiva. Con esta función, acertadamente denominada "Elegir qué sincronizar", los usuarios obtienen un control incomparable sobre la gestión de sus datos. Ya sean fotos, contactos.

Los usuarios pueden seleccionar los datos específicos que desean sincronizar con su iPhone, incluidas funciones esenciales como correo, contactos, calendarios y notas. En una experiencia de usuario perfecta, los usuarios pueden alternar sin esfuerzo los interruptores para habilitar o deshabilitar una gran cantidad de opciones a su alcance.

Para optimizar su experiencia de usuario, se recomienda profundizar en el ámbito de la configuración avanzada. Al configurar estas complejas opciones, puede desbloquear una gran cantidad de funciones ocultas y ajustar su dispositivo para satisfacer sus necesidades específicas.

Dependiendo del servicio de correo electrónico que utilice, puede que sea necesario configurar ajustes avanzados como SSL, información del servidor entrante y saliente y números de puerto. Su estimado proveedor de correo electrónico facilitará la provisión de estas configuraciones. Apple presenta una nueva función para proteger las cuentas de los usuarios En un intento por mejorar la seguridad de los usuarios; Apple ha presentado recientemente una característica innovadora destinada a proteger las cuentas de los usuarios. Una vez que se hayan configurado los ajustes, se recomienda a los usuarios que presionen con gracia la opción "Siguiente" o "Guardar" para conservar la configuración de su cuenta de correo electrónico de forma segura.

Verificación y pruebas: el iPhone se esfuerza diligentemente por autenticar la configuración de la cuenta y establecer una conexión perfecta con el estimado servidor de correo electrónico. Es imperativo establecer una conexión a Internet confiable para poder continuar con este paso crucial.

Configure las preferencias de la cuenta: - Adapte su configuración para que se ajuste a sus preferencias, incluida la frecuencia de recuperación de correo electrónico, la cantidad de correos electrónicos mostrados y la opción de emplear SSL para mejorar las medidas de seguridad.

Aproveche la aplicación de correo: - Después del sencillo proceso de configuración, podrá acceder fácilmente a su estimada cuenta de correo electrónico desde la aplicación de vanguardia "Correo" en su dispositivo iPhone de última generación. Los usuarios pueden enviar, recibir y administrar cómodamente sus correos electrónicos directamente desde sus dispositivos.

Al aventurarse en el reino sagrado de la sección "Correo" ubicada dentro de los límites de la configuración de su iPhone, uno puede embarcarse en un viaje de personalización. Aquí descubrirá el poder de dictar la frecuencia con la que se sincronizan sus mensajes electrónicos, así como la capacidad de ajustar la configuración de sus notificaciones.

Solución de problemas: en caso de que encuentre alguna dificultad durante el proceso de configuración, es recomendable verificar meticulosamente sus credenciales de inicio de sesión y la configuración del servidor. Para garantizar una experiencia de usuario perfecta, es importante tener una conexión a Internet estable. Para aquellos que buscan más orientación o apoyo, es recomendable comunicarse con su estimado proveedor de correo electrónico. Poseen la experiencia y el conocimiento para brindarle

instrucciones de configuración precisas o cualquier
asistencia necesaria.

Administrar correos electrónicos

Se ha vuelto crucial poseer las habilidades para administrar su bandeja de entrada de manera efectiva. Sumerjámonos en el mundo de la gestión eficiente del correo electrónico.

1. Optimice su bandeja de entrada
2. Acceda a la aplicación Mail para mantenerse conectado y organizado con su correspondencia digital.
3. Para acceder cómodamente a sus cuentas de correo electrónico en su iPhone, toque el ícono de la aplicación "Correo" que se encuentra en la pantalla de inicio de su dispositivo.
4. Cuando se trata de la tarea de ver correos electrónicos, Apple ha diseñado una experiencia intuitiva y fluida para sus usuarios. La interfaz fácil de usar permite a las personas navegar sin esfuerzo a través de su bandeja de entrada, asegurando que al iniciar la aplicación Mail, los usuarios sean recibidos con una interfaz visualmente atractiva que muestra una recopilación completa de sus estimadas cuentas de correo electrónico. Esta característica destacada ocupa un lugar central en la pantalla principal, lo que permite una navegación sin esfuerzo y un acceso rápido a la

correspondencia digital. Seleccione el rendimiento deseado para una gestión perfecta.

En el ámbito de la comunicación digital fluida, uno puede interactuar sin esfuerzo con la correspondencia electrónica simplemente tocando un correo electrónico para revelar su contenido. Esta acción intuitiva otorga a los usuarios acceso inmediato a las complejidades del mensaje, lo que permite una experiencia de lectura perfecta. En un desarrollo reciente, los usuarios ahora pueden navegar sin esfuerzo por las noticias simplemente deslizando el dedo hacia arriba y hacia abajo. Este gesto intuitivo permite un desplazamiento fluido, mejorando la experiencia general del usuario. Con esta práctica función, los usuarios pueden acceder y consumir sin esfuerzo el contenido del mensaje, lo que garantiza un proceso de comunicación fluido y eficiente.

En la última actualización del cliente de correo electrónico, los usuarios ahora pueden marcar fácilmente sus correos electrónicos como leídos o no leídos. Esta característica tan esperada aporta un nuevo nivel de comodidad y organización a la experiencia del usuario. Con solo un simple toque, los usuarios pueden realizar un seguimiento de sus mensajes no leídos, asegurando que ninguna comunicación crítica pase desapercibida.

Los usuarios pueden designar fácilmente el estado de sus correos electrónicos como leídos o no leídos. Al deslizar elegantemente de derecha a izquierda el correo electrónico deseado dentro de la lista, con un suave toque, se presenta al usuario la codiciada opción "Marcar", lo que le permite otorgar la designación elegida a su correspondencia electrónica. Esta característica innovadora permite a los usuarios administrar eficazmente su correspondencia por correo electrónico al brindar una descripción general completa de los correos electrónicos dirigidos y aquellos que requieren mayor atención.

Para organizar cómodamente sus correos electrónicos, desplácese hasta la esquina superior izquierda de la pantalla y toque la opción "Buzones de correo". Desde allí, seleccione la función "Nuevo buzón" para iniciar la creación de una carpeta nueva.

Apple lleva la privacidad al siguiente nivel con la eliminación de correo electrónico sin esfuerzo En una medida innovadora , Apple ha demostrado una vez más su compromiso inquebrantable con la privacidad del usuario al introducir una solución perfecta.

Para deshacerse rápidamente de un correo electrónico, simplemente deslice el dedo de derecha a izquierda sobre la correspondencia electrónica deseada. Toque la opción distinguida "Papelera" para erradicar efectivamente dicho correo electrónico de su iPhone.

Para archivar un correo electrónico de manera eficiente, emplee un gesto rápido de deslizar el dedo de derecha a izquierda en la interfaz del correo electrónico, seguido de un toque preciso en la opción "Archivar". En el ámbito del ecosistema de correo electrónico de Apple, se puede acceder cómodamente a los correos electrónicos archivados desde los límites de la carpeta "Todos los correos" o "Archivo".

Reglas y filtros de correo electrónico: un punto de inflexión para la gestión optimizada de la bandeja de entrada En el panorama en constante evolución de los servicios de correo electrónico, una característica se destaca como un verdadero punto de inflexión: la capacidad de configurar reglas y filtros. Estas poderosas herramientas permiten a los usuarios tomar el control de sus bandejas de entrada, categorizando y redirigiendo correos electrónicos sin esfuerzo con la máxima precisión y eficiencia. Atrás quedaron los días de revisar manualmente una bandeja de entrada abarrotada, perdiendo tiempo y energía valiosos. Con la llegada de las reglas y filtros de correo electrónico, los usuarios ahora pueden disfrutar de una experiencia de gestión de correo electrónico optimizada como nunca antes. Imagine un mundo en el que los correos electrónicos entrantes se clasifican automáticamente en carpetas designadas según criterios específicos. Ya sea categorizando correos electrónicos de fuentes laborales, personales o promocionales, estos filtros inteligentes funcionan incansablemente detrás de escena, asegurando que su bandeja de entrada permanezca organizada y ordenada. Pero los beneficios no terminan ahí. Con la capacidad de redirigir correos electrónicos, los usuarios pueden enrutar sin esfuerzo los mensajes entrantes a carpetas específicas o incluso reenviarlos a destinatarios designados. Asegúrese de revisar meticulosamente la configuración de su proveedor de correo electrónico para detectar la presencia de estas opciones particulares.

Navegando por la web

Navegador Safari

El iPhone 15 viene precargado nada menos que Safari, el reconocido navegador web predeterminado. Este navegador altamente sofisticado cuenta con una impresionante variedad de funciones que permiten a los usuarios navegar sin problemas por la vasta extensión de Internet, acceder a sitios web sin esfuerzo y ejecutar una gran variedad de tareas con la máxima eficiencia. Para acceder al navegador Safari en su dispositivo, ubique el ícono distintivo que se asemeja a una cautivadora brújula azul en su pantalla de inicio. Por favor, dale un toque suave y contempla cómo la puerta de entrada al reino digital se abre ante tus ojos.

Para acceder a un sitio web, toque la barra de direcciones destacada ubicada en la parte superior de la pantalla. Desde allí, ingrese con elegancia la dirección web (URL) deseada que desea explorar. Además de su funcionalidad versátil, los usuarios pueden utilizar cómodamente la barra de búsqueda de Safari para ingresar palabras clave relevantes. Esta característica intuitiva no sólo proporciona sugerencias sino que también presenta una gama completa de resultados de búsqueda, mejorando la experiencia de navegación general.

En lo que respecta a navegación y controles, Apple ha demostrado una vez más su compromiso con las experiencias de usuario intuitivas y fluidas. La interfaz de usuario está cuidadosamente diseñada, lo que permite a los usuarios navegar por varios menús y opciones sin esfuerzo. Los controles responden.

Safari es un reconocido navegador web desarrollado por Apple que cuenta con una gran cantidad de controles de navegación intuitivos que mejoran la experiencia de navegación de sus usuarios. Entre estas características indispensables se encuentran los controles de navegación, que permiten a los usuarios navegar sin esfuerzo a través del vasto panorama digital. Controles de navegación de Safari

Navegue sin problemas: utilice las flechas intuitivas hacia adelante y hacia atrás ubicadas convenientemente en la parte inferior de la pantalla para desplazarse entre páginas web sin esfuerzo. Para actualizar la página actual, toque el icono de flecha circular.

Para acceder a una nueva pestaña, simplemente toque el botón "Pestañas", convenientemente ubicado en la parte inferior de la pantalla. Este botón, adornado con un cautivador ícono cuadrado acompañado de un valor numérico, le otorgará acceso a sus pestañas existentes. Una vez allí, será recibido por un encantador botón "+", esperando ansiosamente su toque. Al activar este botón, se le otorgará el poder de crear una pestaña nueva, lista para llenarse con sus deseos digitales.

Para cerrar una pestaña con elegancia, los usuarios pueden ejecutar sin esfuerzo un gesto rápido de deslizar hacia la izquierda o tocar el ícono "X" que adorna la cuenta dentro de la vista inmersiva de la pestaña.

El modo de lectura de Apple es una función que mejora la experiencia de lectura de los usuarios. Con este modo habilitado, los usuarios pueden disfrutar de un entorno de lectura sin distracciones, lo que les permite concentrarse únicamente en el contenido.

Al examinar una página web, Safari presenta amablemente una encantadora opción de "Vista de lector", en caso de que la página en cuestión tenga abundante contenido textual. La última innovación de Apple mejora la experiencia de lectura al eliminar sin problemas los molestos anuncios y otras distracciones, permitiendo a los usuarios disfrutar de los artículos con la máxima comodidad.

Pestañas y marcadores

Administrar eficientemente pestañas y marcadores en el navegador Safari de su iPhone 15 es una práctica indispensable que le permite monitorear sin esfuerzo los sitios web que visita con frecuencia y seleccionar meticulosamente sus aventuras de navegación. Ahora puedes profundizar en las complejidades de la gestión de pestañas y marcadores con esta guía completa. Descubra los secretos para optimizar su experiencia de navegación y navegar sin esfuerzo por sus sitios web favoritos. Continúe leyendo para desbloquear todo el potencial de las funciones de pestañas y marcadores de su dispositivo Apple.

Abrir una nueva pestaña

Para acceder a una nueva pestaña en Safari, toque el ícono cuadrado adornado con un valor numérico ubicado en la esquina inferior derecha de su pantalla. La función proporcionará a los usuarios visibilidad en tiempo real de la cantidad de pestañas activas actualmente abiertas.
En una experiencia de usuario perfecta, toque el botón "+" para revelar sin esfuerzo una nueva pestaña impecable, lo que permite capacidades multitarea mejoradas y una eficiencia de navegación óptima.
Para navegar sin problemas entre las pestañas abiertas, toque el ilustre ícono de pestaña ubicado

en la esquina inferior derecha de su pantalla. Este exquisito ícono cuadrado, adornado con un número cautivador, contiene la clave para abrir un mundo de posibilidades ilimitadas.

En una experiencia de usuario perfecta, los usuarios pueden navegar sin esfuerzo a través de sus pestañas abiertas simplemente deslizándose hacia la izquierda o hacia la derecha. Alternativamente, un toque rápido en la cuenta deseada transporta instantáneamente a los usuarios al destino elegido.

Para cerrar elegantemente una pestaña, dirija su atención al distinguido ícono "X" elegantemente ubicado en la parte superior de la esquina izquierda dentro de la vista de pestaña.

Para acceder a la codiciada función de navegación privada, dirija su atención al ilustre ícono de pestaña. Con un simple toque, le espera un mundo de secreto y discreción. Contempla la esquina inferior izquierda, donde se te presentará la opción de participar en el ámbito encubierto de la navegación "Privada".

En un intento por mejorar la privacidad del usuario y salvaguardar la información confidencial, ha salido a la luz que las pestañas privadas, una función que ofrecen varios navegadores web, están diseñadas para garantizar que el historial de navegación y los datos no se almacenen. Esta valiosa funcionalidad permite a los usuarios participar en actividades en línea sin dejar rastro, brindando una experiencia de navegación segura y discreta. Al utilizar pestañas privadas, las personas pueden estar seguras de que su información confidencial permanece protegida, lo que refuerza su acceso en línea.

En una muestra notable de diseño centrado en el usuario, Apple ha otorgado a sus usuarios leales la capacidad de organizar su experiencia de navegación sin esfuerzo. Con solo tocar y mantener presionada una pestaña, los usuarios ahora pueden disfrutar de la conveniencia de agrupar varias cuentas. Esta ingeniosa característica permite una navegación fluida, lo que garantiza una sesión de navegación ágil y eficiente. Con un simple toque, los usuarios pueden seleccionar las codiciadas opciones de "Agregar a la lista de lectura" o "Agregar a favoritos", mejorando aún más su capacidad de seleccionar y personalizar sus escapadas en línea. Apple continúa sorprendiendo con su compromiso inquebrantable de brindar a los usuarios soluciones intuitivas y elegantes.

Cuando examine una página web de su interés, toque el distinguido ícono de compartir, que toma la forma de un cuadrado adornado con una elegante flecha convenientemente ubicada en la sección más inferior de la pantalla.

En una experiencia de usuario perfecta, opte por la función "Agregar marcador" para conservar esta página para referencia futura sin esfuerzo. En un desarrollo reciente, los usuarios ahora pueden personalizar sin esfuerzo su experiencia de navegación. Con la última actualización, las personas ahora pueden cambiar cómodamente el nombre de sus favoritos e incluso designar la carpeta específica en la que desean almacenarlos. Esta interesante característica permite a los usuarios seleccionar sus recursos en línea con la máxima precisión y organización.

Toque el botón "Guardar" para incorporar el marcador a su colección sin problemas.

Para acceder cómodamente a sus favoritos, toque el ícono del libro elegantemente diseñado ubicado en la parte inferior de la pantalla.

Puede acceder cómodamente a sus marcadores, lista de lectura y enlaces compartidos en esta sección dedicada.

Guía para editar y organizar marcadores

En la última actualización, Apple introdujo una forma sencilla para que los usuarios personalicen su experiencia de marcadores. Con solo tocar la opción "Editar" ubicada en la parte inferior de la vista de marcadores, los usuarios obtienen control total sobre la organización, edición y eliminación de sus marcadores. Esta característica intuitiva permite a los usuarios seleccionar su experiencia de navegación según sus preferencias exactas, garantizando un viaje de navegación personalizado y eficiente. Manténgase a la vanguardia con las innovadoras herramientas de Apple, diseñadas para mejorar su estilo de vida digital.

Los usuarios de Apple pueden aprovechar una característica conveniente que les permite mejorar la organización de sus marcadores mediante la creación de carpetas. Esta funcionalidad permite a los usuarios categorizar y administrar sus páginas web guardadas de manera eficiente, garantizando una experiencia de navegación perfecta.

Para incorporar sin problemas una página web a su lista de lectura para una lectura conveniente sin conexión, toque el ícono de compartir y opte elegantemente por la opción "Agregar a la lista de lectura".

Puede acceder cómodamente a su Lista de lectura directamente desde la vista de marcadores.

Gracias a los últimos avances tecnológicos, los usuarios ahora pueden sincronizar sin esfuerzo sus marcadores en múltiples dispositivos. Esta característica permite un acceso perfecto a sitios web favoritos y en línea.

Al aprovechar el poder de iCloud , los usuarios pueden sincronizar sin problemas sus marcadores en una gran variedad de dispositivos Apple, incluido el ilustre iPad , el venerable Mac y una gran cantidad de otros dispositivos iOS de última generación . Asegúrese de habilitar la sincronización de iCloud en la configuración de su dispositivo para una sincronización de datos perfecta.

Mejores opciones

Además de sus innumerables funciones, Safari también ofrece la conveniente opción de agregar sitios web a sus " Favoritos ". La última característica de Apple permite a los usuarios acceder cómodamente a los sitios web que visitan con frecuencia guardándolos en su barra de favoritos. Esta funcionalidad intuitiva mejora la experiencia del usuario al proporcionar una navegación rápida y sin esfuerzo a sus destinos en línea preferidos. Los entusiastas de Apple pueden mejorar rápidamente su experiencia de navegación agregando fácilmente sitios web a su codiciada lista de Favoritos . Se puede lograr simplemente tocando el ícono de compartir y optando con gracia por la apreciada opción de "Agregar a favoritos ".

Conexión a redes Wi-Fi y móviles

Garantizar una conectividad perfecta tanto a redes Wi-Fi como a redes móviles es de suma importancia; Le permite permanecer conectado sin esfuerzo al vasto ámbito de Internet y realizar llamadas de voz nítidas sin esfuerzo, mejorando así su experiencia general de usuario. Ya sea que sea un entusiasta experimentado de Apple o un recién llegado curioso, esta guía le brindará el conocimiento y las habilidades necesarias para navegar por el ecosistema de Apple como un profesional.

Paso 1: Adopte la filosofía de Apple

En el mundo de la tecnología en constante evolución, una de las tareas más esenciales para cualquier dispositivo es conectarse a una red Wi-Fi. Ya sea un teléfono inteligente, una tableta o una computadora portátil

Desbloquee su iPhone: garantice un acceso perfecto con contraseña o Face ID/Touch ID. Es imperativo desbloquearlo. Apple ha brindado a los usuarios múltiples opciones para desbloquear sus iPhones con facilidad. Entonces, aprovecha las maravillas tecnológicas que tienes a tu alcance y desbloquea tu iPhone.

En un desarrollo reciente, los usuarios ahora pueden acceder cómodamente a su configuración de Wi-Fi con solo unos pocos toques. Esta interesante característica permite a las personas administrar sus conexiones inalámbricas sin esfuerzo, garantizando una experiencia de navegación perfecta.

Para acceder a la configuración de red en su dispositivo Apple, mantenga presionada la tarjeta de configuración de red ubicada en la esquina superior izquierda. Esta tarjeta, que se asemeja a un conjunto de ondas de radio, le otorga acceso para ajustar sus preferencias y configuraciones de red.

En un intento por ayudar a los usuarios a navegar sin problemas en sus dispositivos Apple, una opción viable es aventurarse en el menú "Configuración", seguido de un toque rápido en la opción "Wi-Fi".

Active la funcionalidad Wi-Fi moviendo el interruptor a la posición iluminada "encendido", indicada por un tono verde vibrante.

Elija una red Wi-Fi entre las opciones disponibles. Al acceder a la función "Elegir una red" en su iPhone, a los usuarios se les presentará una lista completa de redes Wi-Fi disponibles para una conectividad perfecta.

Seleccione la red deseada para establecer una conexión perfecta.

Proporcione la contraseña si se le solicita. Cuando se le solicite, ingrese la contraseña de Wi-Fi si la red está segura y continúe tocando "Unirse" o "Conectar" para establecer una conexión.

Al establecer una conexión, su estimado iPhone mostrará rápidamente un llamativo ícono de Wi-Fi elegantemente ubicado en la esquina superior izquierda de su ilustre pantalla.

Asegúrese de haber insertado correctamente la tarjeta SIM en su dispositivo si aún no lo ha hecho. Para aquellos que aún no han insertado una tarjeta SIM, es imperativo colocarla con cuidado dentro de la bandeja para tarjetas SIM designada.

Bluetooth y lanzamiento aéreo

Bluetooth y AirDrop son tecnologías inalámbricas útiles en su iPhone 15 para conectarse a otros dispositivos y compartir contenido. Aquí hay una guía sobre cómo usar Bluetooth y AirDrop :

Bluetooth

Los usuarios pueden acceder cómodamente a la configuración de Bluetooth simplemente presionando y manteniendo presionado el ícono de Bluetooth. Esta función intuitiva permite un control y una personalización perfectos de la conectividad Bluetooth de su dispositivo.

Para aquellos que buscan un enfoque alternativo, navegue hasta el menú "Configuración" y busque la opción "Bluetooth".

Active la funcionalidad Bluetooth cambiando el interruptor a la posición vibrante "encendido". El iPhone iniciará una búsqueda de dispositivos Bluetooth cercanos.

En el último ecosistema de Apple, los usuarios pueden emparejar sin esfuerzo sus dispositivos Bluetooth para una experiencia de usuario mejorada y sin problemas. Siguiendo unos sencillos pasos, puede establecer una conexión inalámbrica entre su dispositivo Apple y el accesorio Bluetooth que desee.

Dentro de los límites de la configuración de Bluetooth, su estimado iPhone presentará gentilmente una amplia gama de dispositivos cercanos que están disponibles para su lectura. Toque el codiciado dispositivo de su elección y embárquese con gracia en un viaje de conectividad perfecta. Permita que las encantadoras instrucciones en pantalla lo guíen a través del armonioso proceso de emparejamiento.

Para completar el proceso de emparejamiento, es posible que determinados dispositivos requieran la introducción de una clave de acceso o PIN.

En una impresionante muestra de destreza tecnológica, el usuario ha establecido con éxito una conexión perfecta a un dispositivo con Bluetooth. Esta notable hazaña permite la transmisión sin esfuerzo de datos, audio y otras cosas.

Tras el emparejamiento exitoso, su iPhone mostrará rápidamente el dispositivo conectado dentro de la lista estimada de "Mis dispositivos" ubicada dentro de la configuración de Bluetooth. En el ámbito de la conectividad perfecta, los entusiastas de Apple a menudo se ven en la necesidad de administrar sus dispositivos. Ya sea para solucionar problemas de conectividad o para ordenar su lista de dispositivos, el proceso de desconectar u olvidar un dispositivo es una habilidad crucial que debe dominar. Miedo

Dentro del ámbito de la configuración de Bluetooth, los usuarios pueden navegar sin esfuerzo hasta el ícono "i" que adorna un dispositivo conectado, desbloqueando así una gran cantidad de opciones adicionales que esperan su exploración. Los usuarios tienen la oportunidad de cortar cómodamente la conexión o desconectar el dispositivo de su red a través de esta interfaz.

Entrega por paracaídas

Los usuarios de Apple pueden acceder fácilmente a la configuración de AirDrop en sus dispositivos. AirDrop es una función conveniente que permite compartir archivos sin problemas entre dispositivos Apple. Para acceder a la configuración de AirDrop , siga estos pasos.

Para obtener acceso a la configuración de AirDrop , los usuarios pueden presionar y mantener presionado el ícono de AirDrop . Esta acción revelará una variedad de opciones y preferencias relacionadas con la funcionalidad AirDrop .

Los usuarios de Apple pueden administrar fácilmente la configuración de visibilidad de AirDrop para garantizar una experiencia de uso compartido perfecta. Al ajustar la visibilidad de AirDrop , los usuarios pueden controlar quién puede descubrir sus dispositivos y enviarles archivos.

Dentro de la configuración de AirDrop , los usuarios pueden configurar sus opciones de visibilidad, lo que les otorga un mayor control sobre la accesibilidad de su dispositivo.

La última actualización de Apple trae una característica notable que mejora la privacidad y seguridad del usuario. Esta funcionalidad, acertadamente denominada "Recepción desactivada", permite a los usuarios ejercer un control total sobre el contenido que reciben. Con esta función habilitada, los usuarios pueden estar seguros de que nadie podrá enviarles ningún tipo de contenido, lo que garantiza una experiencia fluida e ininterrumpida.

Los usuarios de Apple pueden compartir fácilmente archivos, fotos y más con la práctica función AirDrop . Con AirDrop , puedes enviar contenido rápidamente de forma inalámbrica a dispositivos Apple cercanos.

Para distribuir contenido sin problemas usando AirDrop , inicie el proceso accediendo al rango deseado, como una foto cautivadora. Posteriormente, ubique y active el ícono de compartir, que se manifiesta como un cuadrado adornado con una flecha. De las siguientes opciones, designe meticulosamente el dispositivo cercano de su elección, facilitando así la tarea de compartir sin problemas.

Al recibirlo, se notificará de inmediato al afortunado destinatario, otorgándole así el estimado privilegio de ejercer su criterio para aceptar o rechazar el contenido ofrecido.

La revolucionaria función AirDrop de Apple permite a los usuarios compartir contenido sin problemas entre sus dispositivos con solo unos pocos toques. Con AirDrop , puedes transferir fotos, vídeos, documentos y más sin esfuerzo. Cuando una persona intenta compartir contenido con usted a través de la perfecta funcionalidad de AirDrop , una notificación honrará su presencia de inmediato, asegurando que esté debidamente informado de este delicioso suceso.
Toque la opción "Aceptar" para recibir el contenido o seleccione "Rechazar" para rechazarlo.

Para garantizar una funcionalidad perfecta, es imperativo verificar que tanto su estimado iPhone como el dispositivo complementario estén equipados con las funciones esenciales de Bluetooth y Wi-Fi. Estos componentes indispensables desempeñan un papel fundamental a la hora de facilitar el funcionamiento impecable de la apreciada funcionalidad AirDrop .
AirDrop se integra perfectamente con una amplia gama de dispositivos Apple, abarcando los sofisticados ecosistemas iOS y macOS . Esta notable característica facilita el intercambio de archivos y la colaboración entre dispositivos compatibles, garantizando una experiencia de usuario perfecta en todo el ecosistema de Apple. Ya sea que esté utilizando iOS de última generación o el robusto macOS , AirDrop le

permite transferir archivos, fotos y más sin esfuerzo, fomentando un flujo de trabajo armonioso y eficiente.
Es importante tener en cuenta que para facilitar AirDrop sin interrupciones funcionalidad, ambos dispositivos deben estar situados muy cerca uno del otro, generalmente a unos pocos pies.
Los usuarios de Apple pueden utilizar AirDrop cómodamente para compartir contenido con otros iPhones cercanos sin problemas. Utilizando una combinación perfecta de tecnologías Bluetooth y NFC de vanguardia, esta solución innovadora emplea un enfoque doble para el proceso de intercambio inicial.

Capítulo Siete

Entretenimiento y medios

Tocando musica

música de manzana

Únete a las filas de devotos entusiastas de Apple y sumérgete en el incomparable mundo de Apple Music. Al suscribirse a este revolucionario servicio, obtiene acceso a una extensa biblioteca de más de 75 millones de canciones, listas de reproducción cuidadosamente seleccionadas y Asegúrese de que su suscripción a Apple Music permanezca activa. Alternativamente, los usuarios tienen la opción de suscribirse cómodamente al servicio a través de la estimada aplicación Apple Music o la estimada App Store.

<u>Obtenga entrada al ilustre reino de Apple Music:</u>

En su búsqueda de la mejor experiencia auditiva, los usuarios ahora pueden embarcarse en un viaje encantador para explorar el vasto reino de la música. Con una simple búsqueda, uno puede desbloquear un tesoro de maravillas melódicas.

Los entusiastas de Apple pueden explorar fácilmente sus canciones favoritas utilizando la cómoda barra de búsqueda ubicada en la parte superior de la interfaz. Toque el área designada e ingrese palabras clave relevantes, títulos de canciones, nombres de artistas o álbumes para iniciar su búsqueda.

Sumérgete en el armonioso mundo de las melodías con la función de exploración de música de Apple. Explora una amplia colección de canciones, que van desde éxitos que encabezan las listas hasta joyas ocultas que esperan ser

Para profundizar en el vasto reino de las maravillas musicales, hay que darle un suave toque a la aplicación Apple Music. Contempla la variedad de pestañas encantadoras que adornan la parte inferior de este paisaje sonoro digital. Cada relato, una puerta de entrada a una faceta diferente de la dicha auditiva, invita al audiófilo curioso a embarcarse en un viaje sonoro como ningún otro.

Biblioteca de Apple Music: Sumérgete en el cautivador reino de tu propia colección de canciones seleccionadas, listas de reproducción meticulosamente elaboradas y las armoniosas melodías que has agregado cuidadosamente a tu repertorio musical.

Sumérgete en un mundo de exploración musical con nuestra extensa colección de música nueva, listas meticulosamente elaboradas y listas de reproducción cuidadosamente seleccionadas.

La revolucionaria función Radio de Apple permite a los usuarios sumergirse en el mundo de las estaciones de radio en vivo y bajo demanda, todo al alcance de su mano. Con la perfecta integración de Apple Music, los oyentes pueden disfrutar de una amplia gama de contenido de audio cautivador seleccionado por expertos y adaptado a sus gustos únicos. Experimenta la magia de la radio en tu dispositivo Apple y eleva tu viaje auditivo a nuevas alturas.

Cuando encuentres una melodía cautivadora, un álbum fascinante o una lista de reproducción seleccionada que despierte tu interés, tócala para disfrutar del deleite auditivo.

Para iniciar la reproducción de canciones individuales, toque el título de la canción. Cuando se trata de álbumes o listas de reproducción, los usuarios tienen la opción de iniciar sin esfuerzo una experiencia de audio deliciosa simplemente tocando el apreciado botón "Aleatorio". Esta ingeniosa característica permite la reproducción perfecta de pistas en un orden aleatorio y afortunado. Alternativamente, si uno desea embarcarse en su viaje melódico con una canción en particular, un simple toque en la pista deseada preparará el escenario para un encantador viaje auditivo.

Puede disfrutar de la experiencia perfecta de descargar sus canciones, álbumes o listas de reproducción favoritos para disfrutar de una experiencia auditiva sin conexión incomparable. Para iniciar el proceso, los usuarios pueden tocar sin esfuerzo el distinguido botón "Descargar" adornado de manera destacada con un ícono de nube radiante con una flecha hacia abajo. Este botón, ubicado estratégicamente junto al contenido deseado, sirve como puerta de entrada para preservar dicho contenido para referencia futura. En un delicioso giro de los acontecimientos, nos hemos dado cuenta de que ahora se puede disfrutar de la música descargada sin la necesidad de una molesta conexión a Internet.

Los usuarios de Apple pueden compartir fácilmente sus canciones favoritas con amigos simplemente tocando el codiciado botón "Compartir" y seleccionando entre una gran cantidad de opciones para compartir. Esta característica perfecta permite un delicioso intercambio musical, fomentando un sentido de camaradería y aprecio compartido por las artes auditivas. Así que adelante, difunde la alegría melódica y deja que las vibraciones armoniosas fluyan sin esfuerzo entre tu estimado círculo de compañeros.

Mejore su experiencia musical con letras y detalles de canciones: - Sumérgete en el mundo de la música accediendo a letras e información complementaria de canciones con un simple toque en el botón "Letras".

Biblioteca de música y reproducción en el iPhone 15

Cuando se trata de acceder a tu biblioteca de música, Apple te tiene cubierto. Con su perfecta integración entre dispositivos, puedes disfrutar fácilmente de tus canciones favoritas dondequiera que vayas. Ya sea que esté usando su iPhone, iPad o Mac, el proceso sigue siendo sencillo e intuitivo. La biblioteca de música del usuario está meticulosamente organizada en una multitud de categorías cuidadosamente seleccionadas, lo que garantiza una experiencia auditiva inmersiva y fluida.

La Biblioteca, un paraíso digital para los entusiastas de la música, sirve como un depósito completo para su preciada colección de tesoros melódicos. Dentro de sus sagradas salas digitales, uno puede descubrir una gran cantidad de maravillas musicales, que van desde canciones individuales hasta álbumes completos, todos meticulosamente organizados por artistas y listas de reproducción cuidadosamente seleccionadas. La intuitiva interfaz de Apple permite a los usuarios buscar sin esfuerzo sus canciones, artistas o álbumes favoritos utilizando la barra de búsqueda convenientemente ubicada en la parte superior. En el ámbito del entretenimiento auditivo, la innovadora tecnología de Apple ocupa un lugar central . Con la capacidad de integrarse perfectamente con varios dispositivos, la destreza de reproducción de música de Apple no tiene paralelo.

Cuando necesitas disfrutar de tus canciones favoritas , Apple lo ha hecho increíblemente sencillo. Todo lo que necesitas hacer es darle un suave toque a la canción, álbum o lista de reproducción deseada y ¡listo! Comienza el viaje melódico.

Para iniciar la reproducción de canciones individuales, toque el título de la canción.

Cuando se trata de álbumes o listas de reproducción, los usuarios tienen la opción de activar la función "Aleatorio", que permite una experiencia auditiva encantadora a medida que las pistas se reproducen en un orden fortuito. Alternativamente, uno puede optar por comenzar su viaje melódico seleccionando una forma específica de su elección.

Al navegar por la pantalla de bloqueo o acceder al Centro de control , los usuarios tienen la posibilidad de administrar los controles de reproducción sin problemas.

Se revelan técnicas innovadoras de creación de listas de reproducción

Para seleccionar sus propias listas de reproducción personalizadas, navegue hasta la prestigiosa pestaña "Biblioteca" y con gracia proceda a tocar la encantadora opción "Listas de reproducción".

En la última actualización de Apple, los usuarios pueden crear fácilmente una nueva lista de reproducción simplemente tocando el botón "+". Esta función intuitiva permite a los entusiastas de la música seleccionar sus colecciones personalizadas con facilidad. Una vez iniciada la lista de reproducción, los usuarios pueden darle un nombre distintivo que resuene con sus gustos y preferencias musicales. Para mejorar aún más la lista de reproducción, los usuarios pueden agregar sin problemas sus canciones favoritas , lo que garantiza una experiencia auditiva inmersiva y personalizada. En un desarrollo reciente, los usuarios ahora pueden mejorar su biblioteca digital incorporando música a sus colecciones sin problemas. Esta interesante característica permite a las personas ampliar sus horizontes auditivos y seleccionar una variedad personalizada de melodías.

Los usuarios pueden ampliar rápidamente su biblioteca de música en dispositivos Apple simplemente tocando el botón "Agregar" o "Biblioteca" convenientemente ubicado junto a la pista o álbum deseado. Con esta perfecta integración, los usuarios pueden profundizar sin esfuerzo en su preciada colección de música.

<u>Reproducción de música sin conexión</u>

Los entusiastas de Apple pueden deleitarse con la deliciosa capacidad de disfrutar de sus canciones favoritas incluso sin conexión. Se puede lograr simplemente tocando el ilustre botón "Descargar", que está elegantemente adornado con un ícono de nube que apunta elegantemente hacia abajo. Al otorgar este suave toque a las canciones, álbumes o listas de reproducción deseados, uno puede conservarlos sin esfuerzo para un futuro placer auditivo.

Los entusiastas de Apple pueden difundir fácilmente la alegría de sus queridas canciones simplemente tocando el ilustre botón "Compartir" y seleccionando elegantemente una opción para compartir preferida. El innovador ecosistema de Apple permite a los usuarios compartir sin esfuerzo sus canciones favoritas o listas de reproducción seleccionadas con amigos, familiares y seguidores a través de varias plataformas. Perfectamente integrados en la experiencia de mensajería, los usuarios ahora pueden difundir alegría musical a través de correos electrónicos, plataformas de redes sociales y más. Esta excelente característica mejora la conectividad y la conveniencia que los entusiastas de Apple esperan de sus queridos dispositivos. ¡Así que adelante, difunde el ritmo y comparte los ritmos con el mundo!

En el ámbito de la configuración y la personalización, Apple continúa brindando una experiencia de usuario intuitiva y fluida. Con un gran enfoque en la personalización y las preferencias del usuario, Apple permite a sus usuarios adaptar sus dispositivos a sus necesidades y deseos únicos.

<u>Letras e información de la canción</u>

La innovadora experiencia musical de Apple permite a los usuarios acceder sin problemas a las letras y profundizar en información adicional de la canción con solo tocar el botón "Letras". Esta notable característica mejora la experiencia auditiva general, brindando a los usuarios una comprensión y una conexión más profundas con la música que aman.

Los usuarios pueden modificar cómodamente su experiencia de reproducción en dispositivos Apple utilizando las intuitivas funciones de reproducción aleatoria y repetición. Con solo tocar el botón de reproducción aleatoria, uno puede reorganizar sin esfuerzo el orden de reproducción de su música, inyectando un elemento de agradable sorpresa en sus sesiones de escucha. Además, el botón de repetición permite a los usuarios reproducir sin problemas sus canciones favoritas, garantizando una experiencia musical ininterrumpida e inmersiva.

AirPlay de Apple se ha convertido en una parte integral del ecosistema Apple, permitiendo a los usuarios transmitir contenido desde sus dispositivos Apple a dispositivos compatibles sin esfuerzo.

Los usuarios de Apple pueden aprovechar la integración perfecta de AirPlay para transmitir su música sin esfuerzo a varios dispositivos, incluidos parlantes, Apple TV y otros periféricos compatibles.
El último dispositivo insignia de Apple, el iPhone 15, ofrece una experiencia fluida e intuitiva al administrar su biblioteca y reproducción de música. Con sus funciones de vanguardia y su interfaz fácil de usar, puedes sumergirte sin esfuerzo en tu extensa colección de música, seleccionar listas de reproducción personalizadas e incluso explorar un mundo de canciones nuevas y emocionantes. El iPhone 15 realmente mejora la forma en que disfrutas e interactúas con tus canciones favoritas, convirtiéndolo en una herramienta imprescindible para los entusiastas de la música.

Capítulo Ocho

Tomando fotos

Libere todo el potencial de su dispositivo de última generación accediendo sin esfuerzo a la aclamada aplicación de cámara. Con solo unos pocos toques, sumérgete en el cautivador mundo de la fotografía y da rienda suelta a tu destreza creativa. Capture los momentos más preciados de la vida. Para acceder a la aplicación Cámara en su dispositivo Apple, navegue hasta la pantalla de inicio y localice el ícono inconfundible que se asemeja a una elegante lente de cámara. Con un simple toque, los usuarios pueden acceder sin esfuerzo a las funciones de la cámara en sus dispositivos.

Seleccione un modo de cámara óptimo

La aplicación Cámara cuenta con una impresionante variedad de modos, incluido el siempre popular modo Foto, que captura impresionantes imágenes fijas con notable claridad y detalle. Si busca mejorar su juego de fotografía, el modo Retrato crea sin esfuerzo tomas de apariencia profesional con su capacidad de desenfocar ingeniosamente el fondo, lo que da como resultado imágenes impactantes enfocadas en el sujeto. Cuando se pone el sol y cae la oscuridad, no temas, porque el modo nocturno viene al rescate, permitiendo a los usuarios capturar impresionantes fotografías con poca luz que antes se consideraban imposibles. Y no olvidemos el modo Vídeo, que permite a los usuarios grabar momentos preciosos de forma impresionante y sin esfuerzo. En una experiencia de usuario perfecta, deslícese hacia la izquierda o hacia la derecha para seleccionar sin esfuerzo la forma que se alinee perfectamente con sus necesidades específicas.

Enfoque de enfoque y exposición Apple ha estado durante mucho tiempo a la vanguardia de la innovación en lo que respecta a fotografía, y sus últimos avances en enfoque y exposición no son una excepción.

Apple ha incorporado ingeniosamente una función que permite a los usuarios tocar sus pantallas sin esfuerzo, centrándose así en un área deseada para un enfoque óptimo. Esta funcionalidad se ve reforzada aún más por la capacidad innata de la cámara para adaptar intuitivamente los ajustes de exposición, garantizando un resultado impecablemente equilibrado y visualmente cautivador. Con esta notable innovación, Apple continúa redefiniendo los límites de la experiencia del usuario, permitiendo a las personas capturar sin esfuerzo el mundo que los rodea con una precisión y un arte incomparables. Además de su variedad

de características impresionantes, los usuarios
pueden ejercer control manual sobre los niveles de
exposición simplemente deslizando sin esfuerzo
los dedos hacia arriba o hacia abajo en la pantalla.
La tecnología de vanguardia de Apple permite a
los usuarios capturar fotografías impresionantes
con sus dispositivos sin esfuerzo. Con solo un
simple toque, los usuarios pueden liberar el
fotógrafo que llevan dentro y capturar el momento
perfecto en todo su esplendor.

Para capturar una fotografía impresionante, active
el botón del obturador de un blanco inmaculado,
normalmente situado en la parte más inferior de la
pantalla de su iPhone. Alternativamente, puede
utilizar los botones táctiles de volumen de su
dispositivo para este propósito.

Abraza el cronómetro:

En la última versión de la tecnología de cámara de
vanguardia de Apple, los usuarios pueden
aprovechar sin esfuerzo el poder de la función del
temporizador simplemente tocando el elegante e
intuitivo ícono del temporizador. Esta ingeniosa
funcionalidad permite a las personas ejercer un
control preciso sobre el momento exacto en el que
su dispositivo captura una fotografía
impresionante. Al establecer el retraso deseado, los
usuarios pueden asegurarse de que cada toma esté
perfectamente sincronizada, lo que da como
resultado imágenes que seguramente
impresionarán incluso a los observadores más

exigentes. En el ámbito de la captura de momentos memorables, esta función demuestra ser una valiosa ventaja tanto para fotografías grupales como para autorretratos individuales.

Las cautivadoras Live Photos de Apple: un vistazo al mundo de las imágenes dinámicas

Para activar la cautivadora función "Live Photos", toque el ícono adornado con un fascinante conjunto de círculos. Esto fusionará perfectamente unos deliciosos segundos de vídeo en tu fotografía espléndidamente capturada. En una muestra notable de destreza tecnológica, los usuarios ahora pueden interactuar con el cautivador mundo de las imágenes animadas simplemente ejecutando un gesto de presión prolongada sobre la foto deseada. Esta característica permite una experiencia inmersiva a medida que se revela la parte animada de la imagen, revelando una dimensión completamente nueva de narración visual.

Modo retrato

Una característica muy buscada entre los usuarios de teléfonos inteligentes, permite impresionantes efectos de profundidad de campo en las fotografías. Con esta función, los usuarios pueden capturar retratos de aspecto profesional con un fondo bellamente difuminado, haciendo que el sujeto se destaque nítidamente.

En el aclamado modo Retrato, los usuarios tienen la extraordinaria capacidad de capturar fotografías impresionantes adornadas con un fondo delicadamente borroso sin esfuerzo. Esta ingeniosa característica presenta en las imágenes un toque inconfundible de profesionalismo, elevándolas a un nivel completamente nuevo de excelencia visual. Para maximizar el uso de este modo, siga las instrucciones que aparecen en pantalla.

Tomar vídeos

Libere todo el potencial de su dispositivo de última generación accediendo sin esfuerzo a la aplicación Cámara. Con solo unos pocos clics , podrás sumergirte en el mundo de la fotografía y capturar momentos impresionantes con una precisión incomparable. Eleva tu narración visual. Accede a la reconocida aplicación "Cámara" en tu dispositivo iPhone de última generación.
Elija el modo de vídeo óptimo para su dispositivo . Los entusiastas de Apple pueden pasar sin esfuerzo de capturar fotografías impresionantes a grabar videos impresionantes simplemente deslizándose al codiciado modo "Video". Esta característica perfecta permite a los usuarios cambiar entre estos dos ámbitos creativos sin esfuerzo, garantizando una experiencia fluida e ininterrumpida. Con el compromiso de Apple de brindar interfaces intuitivas y fáciles de usar, capturar los momentos más memorables de la vida nunca ha sido más accesible. Así que, ya seas un aspirante a cineasta o un entusiasta de la fotografía, aprovecha el poder

del modo "Video" y libera tu potencial creativo con la tecnología de vanguardia de Apple.

De manera similar a la experiencia perfecta de capturar imágenes impresionantes, los usuarios pueden tocar la pantalla para lograr el enfoque sin esfuerzo, lo que permite a la cámara adaptar los niveles de exposición de forma totalmente automatizada y dinámica. Además, tiene la opción de ajustar manualmente los niveles de exposición deslizando sin esfuerzo los dedos hacia arriba o hacia abajo.

Para iniciar el proceso de grabación, toque el botón de grabación carmesí, generalmente ubicado en la sección inferior de la pantalla. Además de los controles táctiles intuitivos, los usuarios pueden ajustar cómodamente los niveles de audio utilizando los botones físicos táctiles de volumen.

Deje de grabar inmediatamente En un sorprendente giro de los acontecimientos .

Para dejar de grabar, toque el botón carmesí una vez más. En una deliciosa muestra de diseño de interfaz de usuario, una cautivadora miniatura del vídeo se manifestará elegantemente en la esquina inferior izquierda. En una experiencia de usuario, uno puede tocar la pantalla sin esfuerzo para acceder y modificar cómodamente el cautivador contenido de video.

En cuanto a calidad de vídeo y velocidad de fotogramas, Apple ha vuelto a subir el listón. El gigante tecnológico no ha escatimado en gastos para garantizar que los usuarios disfruten de una experiencia visual incomparable.

Dentro de la configuración de la cámara, los usuarios tienen la posibilidad de seleccionar meticulosamente la calidad de video y la velocidad de fotogramas que deseen, lo que garantiza un nivel incomparable de personalización y control sobre la creación de contenido visual. En el ámbito de la reproducción de vídeo, es ampliamente reconocido que las velocidades de fotogramas más altas contribuyen a una experiencia visual más fluida y fluida, lo que permite que el ojo más exigente perciba un movimiento más suave. Al mismo tiempo, vale la pena señalar que optar por configuraciones de mayor calidad puede mejorar significativamente la claridad general del video, permitiendo un encuentro visual más inmersivo y visualmente cautivador.

Con la capacidad de realizar una transición sin esfuerzo entre diferentes lentes, como las opciones ultracompleta, integral y teleobjetivo, capturar la toma perfecta nunca ha sido tan fácil y accesible. Con solo tocar los íconos intuitivos de 0.5x, 1x o 2x, los usuarios pueden cambiar rápidamente entre lentes, siempre que su iPhone esté equipado con capacidades de múltiples lentes. Esta práctica característica garantiza que cada oportunidad fotográfica se aproveche con una versatilidad y precisión óptimas.

Aproveche las capacidades de vanguardia de Smart HDR y el modo nocturno para mejorar su juego fotográfico, incluso en los escenarios de iluminación más exigentes.

Descubra las poderosas capacidades de edición ubicadas en la aplicación Fotos, que le permiten refinar y mejorar sus preciosas fotos y videos después de la captura.

Si sigue estas pautas de expertos y trucos internos, podrá capturar fotos y videos impresionantes sin esfuerzo utilizando las funciones de cámara de vanguardia de su iPhone 15. Maximice el potencial fotográfico de su dispositivo con esta valiosa información.

Editar fotos

Navegue hasta la pantalla de inicio y toque con gracia el ilustre ícono de la aplicación "Fotos", una puerta de entrada a un mundo de recuerdos visuales cautivadores. La exquisita estética visual del objeto en cuestión recuerda a una flor multicolor , cautivando los sentidos con sus tonos vibrantes y su delicado encanto.

Elige una imagen

Para comenzar el proceso de edición, navegue hasta la foto deseada y tóquela con gracia, lo que activará su encantadora revelación en su pantalla.

Desbloquee el poder de las herramientas de edición

Se recomienda a los usuarios que toque suavemente el botón "Editar", convenientemente

ubicado en la esquina superior derecha de la
pantalla. Se le otorgará acceso a la interfaz de
edición, lo que le permitirá realizar las
modificaciones necesarias.

En la última actualización, Apple ha introducido
una nueva función que revolucionará tu
experiencia de edición de fotografías. Con la nueva
herramienta Recortar y Enderezar, ahora puedes
mejorar tus imágenes sin esfuerzo con precisión y
delicadeza.

Para realizar un recorte de imagen o una imagen
recta, toque el icono de recorte ubicado en la parte
inferior de la pantalla. Este ícono está representado
por una forma cuadrada adornada con líneas, lo
que le permite mejorar sus imágenes sin esfuerzo.
Los usuarios tienen la posibilidad de ajustar las
dimensiones y la orientación del cultivo elegido
sin esfuerzo. Una vez que haya alcanzado un
estado de satisfacción, toque el botón "Listo" para
concluir la tarea en cuestión.

Mejore su experiencia visual con ajustes
avanzados de iluminación y color

La interfaz ingeniosamente diseñada de Apple
presenta un cautivador ícono de varita mágica
ubicado en la esquina inferior izquierda, que invita
a los usuarios a embarcarse en un viaje
transformador de mejora visual. Con un simple
toque, esta encantadora herramienta otorga a sus

preciadas fotografías un brillo fascinante, elevando su iluminación y color a alturas sin precedentes. Prepárese para quedar cautivado mientras sus imágenes experimentan una metamorfosis impresionante , revelando un brillo recién descubierto que lo dejará asombrado. En una experiencia de usuario perfecta, puede ajustar sin esfuerzo su obra maestra visual simplemente tocando y deslizando elegantemente los controles deslizantes dedicados. Con la máxima precisión, uno puede ajustar sin esfuerzo la exposición, el brillo, el contraste y una variedad de otros elementos cautivadores, asegurando un encuentro verdaderamente inmersivo y visualmente atractivo. Apple ha presentado su última innovación en el ámbito de los filtros. Los usuarios pueden navegar sin esfuerzo a través de los distintos filtros simplemente tocando el ícono adornado con tres círculos elegantemente superpuestos. Elija el filtro meticulosamente elaborado que eleva el atractivo visual de su fotografía y ajuste sin esfuerzo su impacto manipulando hábilmente la intensidad a través del control deslizante intuitivo.

El ícono "Ajustar", que presenta un elegante conjunto de diales, brinda a los usuarios una variedad de ajustes avanzados para afinar sus imágenes, incluido brillo, sombras, luces y una variedad de otras mejoras. Descubra el arsenal esencial de herramientas a su disposición para refinar y perfeccionar meticulosamente su imagen.

La última actualización de software de Apple trae una nueva característica que seguramente deleitará a los usuarios: la capacidad de rotar y voltear imágenes con facilidad. Esta interesante incorporación permite a los usuarios manipular sus fotografías sin esfuerzo, dándoles un control aún más creativo.

El ícono de rotación, elegantemente representado por una elegante flecha curva, brinda a los usuarios el poder de rotar o voltear sin esfuerzo sus preciadas fotografías con la máxima delicadeza y precisión.

La revolucionaria herramienta de corrección de ojos rojos cambia las reglas del juego en el mundo de la fotografía, ya que permite a los usuarios eliminar sin esfuerzo esos molestos efectos de ojos rojos que pueden estropear la perfección de sus preciosas fotografías. Con su tecnología e interfaz intuitiva, esta herramienta permite a los fotógrafos lograr imágenes impecablemente cautivadoras, libres del molesto resplandor de los ojos rojos. Dígale adiós a los días en los que se comprometía la calidad de la imagen y adopte las capacidades perfectas de corrección de ojos rojos que esta innovadora herramienta ofrece. En la última actualización, los usuarios pueden rectificar rápidamente el temido efecto de ojos rojos en sus preciadas fotografías. Localiza el icono de ojos rojos y tócalo suavemente. Una vez activado, proceda a tocar los ojos rojos presentes en su imagen y sea testigo de cómo se desarrolla la magia a medida que las imperfecciones se corrigen perfectamente. Esta función intuitiva garantiza que sus preciados recuerdos permanezcan impecables y sin imperfecciones no deseadas.

Apple ha introducido una nueva función llamada Markup , que permite a los usuarios anotar y editar imágenes y documentos directamente en sus dispositivos Apple. Con Markup , los usuarios pueden agregar texto y formas fácilmente, y para aquellos que buscan mejorar sus creaciones visuales, Apple ofrece una solución conveniente. Con solo tocar el ilustre icono de tres puntos y seleccionar la apreciada opción " Marcado ", los usuarios pueden dedicarse sin esfuerzo al arte de dibujar o escribir en sus preciadas fotografías.

A lo largo del meticuloso proceso de edición, los usuarios tienen la opción de restaurar sin esfuerzo la foto a su estado original impecable simplemente tocando el botón "Revertir" convenientemente ubicado en la esquina inferior derecha.

En el paso final de su proceso de edición, querrá asegurarse de que sus cambios se guarden de forma segura o se compartan fácilmente. Para lograr esto, ubique el botón "Listo" situado en la esquina inferior derecha de su pantalla. Al tocar este botón, podrá concluir su sesión de edición y pasar al siguiente paso con confianza. Los usuarios tienen la opción de conservar la imagen mejorada como una iteración nueva o sobrescribir la existente.

Aplicaciones de edición mejoradas: - Para profundizar en el ámbito de la edición sofisticada, uno puede aventurarse en el ámbito de las aplicaciones de edición de fotografías de terceros a las que se puede acceder fácilmente en la estimada App Store.

En una muestra notable de destreza tecnológica, a los usuarios de iPhone se les otorga la extraordinaria capacidad de participar en el arte de la edición de video desde la comodidad de sus propios dispositivos. Esta hazaña impresionante es posible gracias a la ingeniosa integración de la aplicación Fotos, que otorga a los usuarios el poder de manipular sus videos con delicadeza y precisión. Tienes que prepararte para dejarte cautivar mientras te embarcas en un viaje de creatividad y maestría, todo en la palma de tu mano. En el ámbito de la manipulación de videos, uno puede embarcarse sin esfuerzo en un viaje transformador simplemente iniciando el proceso de abrir un video. Con un simple toque en la pantalla, el usuario obtiene acceso a una gran cantidad de opciones de edición convenientemente ubicadas en la pestaña "Editar". Dentro de este santuario digital, te espera un tesoro de herramientas de edición de video, listas para ser utilizadas para refinar y perfeccionar tu obra maestra visual. Entre el abanico de posibilidades se encuentra el poder

de recortar, permitiendo eliminar con precisión
segmentos no deseados y la posibilidad de ajustar
la exposición, logrando así una luminosidad
óptima. Además, el usuario exigente puede
disfrutar del arte de aplicar filtros, añadiendo un
toque artístico a su creación. A través de esta
perfecta integración de tecnología y creatividad, el
usuario es
**de iCloud de Apple sincroniza perfectamente
tus ediciones de fotos en todos tus dispositivos
Apple.** Esto significa que cualquier modificación
que realice en un dispositivo se reflejará
automáticamente en todos los demás dispositivos
Apple. Disfrute de la comodidad de mantener su
biblioteca de fotografías actualizada y coherente
sin esfuerzo en todo el ecosistema de Apple.
Con estas sencillas instrucciones, puedes refinar
sin esfuerzo tus preciadas instantáneas
directamente en tu vanguardista iPhone 15,
elevando su calibre y atractivo estético a tu gusto
más exigente.

Cámara FaceTime

FaceTime de tu iPhone 15 está diseñada para videollamadas, selfies y tomar fotografías y películas de alta definición desde la parte frontal de tu teléfono inteligente. Usar la cámara FaceTime en tu iPhone 15 es el siguiente:

1. Inicie la aplicación de la cámara: busque la aplicación "Cámara" en la pantalla de inicio y luego tóquela. Tiene una apariencia de lente.

2. Utilice la cámara FaceTime en su lugar: la cámara principal (trasera) es con la que comienza la aplicación Cámara de forma predeterminada. Toca el ícono de la cámara con una flecha circular en la parte superior derecha de la pantalla o deslízate hacia abajo en el visor para acceder a la cámara frontal de FaceTime .

3. Uso de la cámara FaceTime para tomar fotografías: para capturar una selfie o una fotografía de la persona frente a usted mientras usa la cámara FaceTime , toque el botón del obturador blanco en la parte inferior de la pantalla.

4. Realizar grabaciones de video con la cámara FaceTime : deslice el modo de captura (como Foto, Video o Retrato) a "Video" para grabar un video con la cámara FaceTime . Para comenzar y finalizar la grabación, utilice el botón rojo de grabación.

5. Si hay un modo de retrato selfie , úsalo. Puedes tocar "Retrato" para tomar selfies con un fondo de apariencia profesional si tu iPhone 15 admite el modo Retrato para la cámara frontal.

6. Filtros de imagen: en el visor de la cámara, deslícese hacia la izquierda o hacia la derecha para acceder y aplicar diferentes filtros a sus imágenes o películas.

7. Modificaciones de imagen y zoom: siempre que utilice la cámara FaceTime , pellizca para acercar y alejar. Al presionar en la pantalla, también puedes cambiar la exposición y el enfoque.

8. Imágenes en vivo: puedes grabar una pequeña película con tu selfie si tienes Live Photos habilitado. Un emblema en forma de círculo amarillo indica Live Photos.

9. Flash frontal: el brillo de la pantalla de tu iPhone puede actuar como un flash para la cámara FaceTime en situaciones de poca luz. La aplicación Cámara tiene acceso a esta capacidad.

10. Temporizador para selfies : - Toca el icono del temporizador (un reloj) y elige un tiempo de retraso para establecer un temporizador antes de tomar una foto.

11. Cambiar de cámara: para acceder a más modos de cámara, deslice hacia arriba en el visor o presione el símbolo de la cámara con la flecha circular nuevamente para regresar a la cámara trasera.

12. Videollamadas FaceTime : las videollamadas también utilizan la cámara FaceTime . Las llamadas FaceTime activan la cámara FaceTime para comenzar a grabar su transmisión de video.
13. Aplicaciones de videoconferencia: - Programas como Zoom, Skype y Microsoft Teams te permiten utilizar la cámara FaceTime para videoconferencias.
Estas instrucciones le mostrarán cómo utilizar la cámara FaceTime de su iPhone 15 para tomar selfies , hacer películas y participar en chats de video. Para una variedad de usos, la cámara FaceTime proporciona capacidades de imagen y video de alta calidad.

Funciones avanzadas de la cámara

Vídeo ProRAW y (si es compatible) ProRes

1. **ProRAW** : ProRAW es un formato de imagen sofisticado que captura una cantidad asombrosa de información y ofrece más opciones de posprocesamiento. En las opciones de la cámara, podrás activar ProRAW .

Vídeo ProRes : ProRes es un excelente formato de vídeo que produce contenido de vídeo de primer nivel. En las opciones de Cámara, puedes activar la grabación ProRes .

1. **Smart HDR** : Smart HDR mejora tus fotografías al tomar varias tomas con distintas exposiciones y fusionarlas para producir una única imagen con la exposición adecuada. Es beneficioso en situaciones de poca iluminación.

2. **Modo nocturno:** puedes tomar excelentes fotografías con poca luz gracias al modo nocturno. Su iPhone reconoce automáticamente las condiciones de luz comunes y aumenta la duración de la exposición para capturar fotografías más brillantes y claras.

3. **Deep Fusion:** Deep Fusion es una sofisticada técnica fotográfica computacional que mejora la textura y los detalles de las imágenes. Funciona muy bien en escenarios con iluminación suave.

4. **Controles para una cámara manual:** tienes acceso a opciones manuales de exposición, enfoque, balance de blancos e ISO en la aplicación Cámara. Para que estos controles sean visibles, deslice hacia arriba en el visor.

5. **Lente gran angular:** si su iPhone 15 tiene una lente ultra gran angular, puede tomar fotografías con un campo de visión más amplio y capturar vistas enormes.

6. **Un teleobjetivo** : la función de zoom óptico del teleobjetivo permite fotografías más cercanas y de mayor calidad sin sacrificar la calidad de la imagen.

7. **Time-lapse en modo nocturno:** En condiciones de poca luz, puedes tomar películas a intervalos notables con el modo nocturno, produciendo contenido exquisito y único en su tipo.

8. **Modo panorámico:** al elegir la opción Panorámica, puede crear impresionantes imágenes panorámicas. Para obtener una imagen amplia y amplia, siga las instrucciones en pantalla.

10. Modo ráfaga : para tomar una rápida sucesión de fotografías, mantenga presionado el botón del obturador. Esto es fantástico para capturar momentos fugaces o sujetos que se mueven rápidamente.

11. Live Photos: cuando mantienes presionada una imagen, Live Photos graba un breve video antes y después de tomar una foto, dando vida a la visión.

12. QuickTake Video: mientras captura imágenes, puede comenzar a grabar un video rápidamente manteniendo presionado el botón del obturador. Esto es ideal para grabar ocasiones no planificadas.

13. Edite imágenes en posprocesamiento: después de tomar fotografías, puede editarlas más en la aplicación Fotos cambiando la exposición, mejorando los colores, recortándolas y más.

14. Fotografía impulsada por IA: su iPhone 15 utiliza IA y aprendizaje automático para mejorar la calidad de las fotos y videos al identificar temas, rostros y cambios de configuración automáticamente.

15. Lentes y dispositivos adicionales: usando lentes, trípodes, cardanes y dispositivos de iluminación adicionales que se vinculan a su iPhone, puede mejorar sus fotos aún más.

Las sofisticadas funciones de la cámara de tu iPhone 15 te brindan una variedad de alternativas creativas y la capacidad de tomar fotografías y películas de alta calidad en una variedad de situaciones. Para mejorar la fotografía y filmación de su teléfono inteligente, experimente con estas funciones.

Fotos de iCloud

Con la ayuda de la potente función Fotos de iCloud , puede guardar y ver fácilmente sus imágenes y películas en todos sus dispositivos Apple, incluido su iPhone 15. A continuación se detalla cómo instalar y utilizar Fotos de iCloud en su teléfono inteligente:

- **Configure Fotos de iCloud :** asegúrese de que su iPhone 15 tenga Wi-Fi habilitado.
- Abre la aplicación "Configuración" de tu iPhone.
- Toca "Fotos" después de desplazarte hacia abajo.
- Para que la función esté disponible, toque " Fotos de iCloud ". Transferirá instantáneamente tus películas y fotografías a iCloud .

1. **Seleccione un plan de almacenamiento:** de iCloud aprovecha tu almacenamiento de iCloud . Dependiendo de tus requisitos, es posible que tengas que comprar más almacenamiento de iCloud . Ingresa a "Configuración" > [tu nombre] > " iCloud " > "Administrar almacenamiento" > "Cambiar plan de almacenamiento" para hacer esto.

1. **Llegar a tus fotos de iCloud**

Una vez activado, iCloud guardará todas tus imágenes y videos. La aplicación "Fotos" de tu iPhone 15 te da acceso a tus fotos de iCloud .

Momentos, Colecciones y Años tendrán cada uno un conjunto de imágenes.

1. **Edición y uso compartido de fotografías:** Directamente desde la aplicación de fotografías, puedes editar y distribuir tus imágenes. Todos sus dispositivos sincronizan inmediatamente los cambios realizados en un dispositivo.

1. **Otros dispositivos con la biblioteca de fotos de iCloud :**

Asegúrate de que Fotos de iCloud esté habilitado en todos tus dispositivos Apple, incluidos tu iPad , Mac y iPhone adicionales.

Todos tus dispositivos tendrán acceso a tus imágenes y cualquier modificación que realices en un dispositivo aparecerá en los demás.

1. **Administración de almacenamiento:**

Vaya a "Configuración" > "[su nombre] > iCloud " > "controlar almacenamiento" > "Fotos" para controlar el almacenamiento de fotos de iCloud . Aquí puedes comprobar cuánto espacio están utilizando tus imágenes y vídeos y, si es necesario, ajustar tu almacenamiento.

1. **Crear una copia de seguridad de fotos:** Tu copia de seguridad de iCloud incluye Fotos de iCloud . La copia de seguridad de su dispositivo incluye sus imágenes y películas de forma predeterminada. Vaya a "Configuración" > [su nombre] > " iCloud " > " Copia de seguridad de

iCloud " y asegúrese de que esté activado para permitir copias de seguridad de iCloud .

1. **Obtener acceso a fotografías en línea:** Puede utilizar un navegador web en una computadora para ver sus fotos de iCloud en el sitio web de iCloud (icloud.com).

1. **Álbumes compartidos**

En la aplicación Fotos, puedes crear álbumes de fotos colaborativos y solicitar contribuciones de otros. Además, guardados en iCloud , se puede acceder a estos álbumes compartidos desde cualquier dispositivo.

Se realizará una copia de seguridad de sus fotografías y videos y se podrá acceder a ellos en todos sus dispositivos Apple si usa iCloud Pictures en su iPhone 15. Hace que sea más fácil compartir y disfrutar sus recuerdos al agilizar el proceso de organización y acceso a sus medios.

Álbumes de fotos y recuerdos

Un método excelente para mantener sus imágenes organizadas y revivir sus momentos favoritos es administrar sus álbumes de fotos y crear y explorar recuerdos en su iPhone 15. Aquí hay una lista de instrucciones para hacer esto:

Libros de imágenes:
Mientras mira sus álbumes en su iPhone 15, inicie la aplicación "Fotos".
Para acceder a sus álbumes de imágenes, toque la opción "Álbumes" en la parte inferior.
Cómo hacer un nuevo álbum:
Toca el símbolo "+" en la esquina superior izquierda para comenzar un nuevo álbum.
Ponle un nombre a tu álbum y luego elige "Guardar".
Incluir imágenes en un álbum:
El álbum al que deseas cargar imágenes está abierto.
Para elegir y agregar imágenes desde su Camera Roll, toque el botón "+ Agregar".
Eliminación o edición del álbum:
Vaya a la lista de álbumes, deslícese hacia la izquierda en el álbum y luego elija "Eliminar" para eliminarlo.
Al seleccionar "Editar" en la esquina superior derecha y arrastrar los álbumes en el orden deseado, podrá reorganizarlos fácilmente.

Álbumes compartidos:

Puede crear álbumes de imágenes compartidos y pedirles a amigos o familiares que contribuyan en ellos. Para crear álbumes compartidos, elija "Compartido" en el menú inferior.

Imágenes ocultas:

Puede ocultar cualquier imagen que desee mantener privada. Elija "Ocultar" en el menú para compartir después de seleccionar la imagen deseada. El álbum "Oculto" ahora incluirá todas las imágenes ocultas.

Visualización de imágenes secretas:

Vaya a la pestaña "Álbumes" y desplácese hacia abajo para ubicar el álbum "Oculto" y ver sus imágenes ocultas.

Descubriendo fotos

Vaya al álbum "Oculto", elija la imagen, presione el símbolo de compartir y seleccione "Mostrar" para que la imagen vuelva a ser visible.

Puede administrar fácilmente sus álbumes de imágenes, crear y explorar recuerdos y ocultar sus fotografías privadas en su iPhone 15 siguiendo estas instrucciones. Puede organizar y disfrutar de sus experiencias únicas con estas funciones.

Recuerdos

Crea recuerdos:

Tu iPhone crea automáticamente Recuerdos, que son colecciones de imágenes y videos organizados por ocasiones, personas o ubicaciones.
En la aplicación "Fotos", elige la pestaña "Para ti" para ver recuerdos.
Al seleccionar imágenes o videos, presionar el símbolo de compartir y seleccionar "Agregar a recuerdos", también puedes crear tus propios recuerdos.

Recuerdos de la edición:

Al hacer clic en el botón "Editar" en una memoria, puede editarla.
Cambia el título, información, música, duración y otros aspectos.

Viendo recuerdos

Para ver un recuerdo como una presentación de diapositivas con música y transiciones, tóquelo.
También puedes contarles a tus familiares y amigos sobre un recuerdo.

Recuerdos favoritos

Cuando veas un recuerdo, toca el símbolo de amor para hacerlo famoso.

Recuerdos de personas y lugares

Los recuerdos suelen ordenar imágenes y vídeos por temas y ubicaciones. Al elegir la persona o el lugar apropiado en la página "Para usted", podrá acceder a estos recuerdos particulares.

<u>**Programación de eventos**</u>

La aplicación Calendario integrada en el iPhone 15 simplifica la programación de eventos. Aquí encontrará instrucciones paso a paso sobre cómo planificar, gestionar y gestionar sus eventos y citas.

<u>Abra la aplicación de calendario:</u>

1. En la pantalla de inicio, busque y toque el ícono de la aplicación "Calendario". Parece una página de un calendario.
2. Mira tu calendario

La aplicación Calendario muestra su día, semana o mes actual de forma predeterminada. Para pasar de días, semanas o meses, deslice el dedo hacia la izquierda o hacia la derecha.

1. Construya un nuevo evento:

Toque el botón "+" en la parte inferior central de la pantalla para agregar un nuevo evento. Además, puede tocar una ventana de tiempo libre en su calendario.

1. Información sobre el evento:

Puede ingresar información como el título del evento, la ubicación, las horas de inicio y finalización, así como cualquier alerta o notificación que desee, en la página de detalles del evento.

1. Elección de calendario:

Puede elegir el calendario al que se debe agregar el evento en la parte superior de la página de detalles del evento. Elija el calendario apropiado si tiene más de uno (como personal, de trabajo y compartido).

1. Notificaciones y alertas:
Para agregar un recordatorio para su evento, elija "Agregar alerta". Puede optar por recibir alertas en las horas, minutos o días previos al evento.

7. Eventos recurrentes
Toque "Repetir" para organizar su evento recurrente para que se repita todos los días, todas las semanas, todos los meses o todos los años. El patrón de repetición también es completamente editable.

8. Invitar visitantes:

Si se trata de un evento compartido, presione "Invitados" para invitar a personas o agregarlas a su lista de contactos. Tienes la opción de enviar un mensaje de texto o un correo electrónico.

9. Comentarios y URL
En el área "Notas", proporcione cualquier información adicional o una URL relevante para su evento.

10. Guarde su evento
- Para guardar el evento después de completar todos los campos, toque "Agregar" o "Guardar" (según su versión de iOS) en la esquina superior derecha.

11. Cambiar y eliminar eventos: - Para cambiar o eliminar un evento, tócalo en tu calendario y luego elige "Editar" en el menú que aparece en la esquina superior derecha. Realice los ajustes apropiados, luego presione "Guardar" o "Eliminar evento" para confirmar o cancelar la modificación.

12. Vistas de eventos: para ver sus eventos desde varios ángulos, use los botones de vista en la parte inferior para moverse entre las vistas de día, semana, mes y año.

13. Calendarios con código de colores: Puedes darle a cada calendario un color diferente si usas más de uno. Facilita la diferenciación entre reuniones privadas, profesionales y de otro tipo.

14. Buscar eventos: - Para localizar rápidamente ciertos eventos, presione el botón de búsqueda y escriba palabras clave en su calendario.

15. Sincronizar con otros calendarios: su iPhone 15 es capaz de sincronizarse con una variedad de otras aplicaciones de calendario, incluidas Google Calendar, Outlook y más. Vaya a "Configuración" > "Calendario" > "Cuentas" para configurar la sincronización.

Estos métodos te ayudarán a utilizar la aplicación Calendario de tu iPhone 15 para organizar y gestionar tus actividades y citas de forma eficaz.

Mantenga su agenda en orden y nunca olvide una fecha límite o una reunión.

Administrar tareas y listas

1. **Aplicación de recordatorios abierta:** en la pantalla de inicio, busque y toque el ícono de la aplicación "Recordatorios". En un cuadro azul, es una marca de verificación.
2. **Agregar un recordatorio nuevo:** toque el símbolo "+" en la esquina superior derecha para agregar una nueva tarea. Comienza un nuevo recordatorio.
3. **Agregar información de la tarea:** coloque el título de la tarea en la pantalla de detalles del recordatorio. Al tocar "Agregar día" y elegir un día y hora, podrá establecer una fecha y hora de vencimiento. Puede establecer prioridades y mantener el orden al hacer esto. Al presionar "Agregar lugar" e ingresar una dirección o seleccionar un lugar de sus contactos, también puede agregar notas y crear un recordatorio basado en la ubicación.
4. **Agrupar y organizar tareas:** para organizar sus tareas, puede hacer listas. Toca "Agregar lista" en la parte superior para

comenzar una nueva lista. Puede crear listas distintas para fines comerciales, personales, de compras y otros fines. En la página de detalles del recordatorio, toque el nombre de la lista para agregar una tarea a un índice en particular.

5. **Establezca prioridades:** al presionar el símbolo de exclamación (!) en el cuadro de detalles del recordatorio, puede designar tareas como de alta prioridad.

6. **Utilice subtareas para organizar:** puede crear una lista de verificación si su tarea contiene subtareas presionando el símbolo de la lista de verificación en la página de detalles del recordatorio.

7. **Recordatorios para compartir:** con familiares, amigos o colegas, puede intercambiar listas. Para lograr esto, elija "Agregar personas" después de seleccionar "Editar" en una lista. Con contactos específicos, puede intercambiar listas.

8. **Tareas de clasificación y visualización:** dentro de una lista, puede organizar los trabajos por título o fecha de entrega. En la parte inferior de la lista, haga clic en el botón "Ordenar". Elija una lista de la página principal de Recordatorios para ver las tareas por lista.

9. **Declarar trabajo completo:** toque el círculo al lado de un trabajo para marcarlo

como terminado una vez que lo haya terminado.

10. Integración de Siri y listas inteligentes: para crear listas inteligentes como "Hoy", "Programadas" y "Marcadas", su iPhone aprovecha Siri . Debes organizar tus tareas con estas listas.

11. Recordatorios basados en la ubicación : puede programar recordatorios para que le avisen cuando entre o salga de un lugar en particular. Puede configurar un recordatorio para recoger la compra después del trabajo.

12. Tareas repetidas: para establecer tareas repetidas, configure el recordatorio para que se repita en intervalos específicos (por ejemplo, diario, semanal o mensual).

13. Alertas y notificaciones: los recordatorios pueden notificarle sobre responsabilidades inminentes. Al seleccionar "Agregar recordatorio" en el cuadro de información del recordatorio, puede cambiar la hora a la que recibe las alertas.

14. Ver todas las tareas : haga clic en el botón "Todas" en la parte inferior para ver todas las tareas que tiene de cada lista.

15. Buscar recordatorios: - Toque el botón de búsqueda y escriba palabras clave para identificar rápidamente tareas específicas en sus recordatorios.

Utilice la aplicación Recordatorios en su iPhone 15 para administrar eficientemente sus proyectos y listas de tareas siguiendo estas instrucciones.

Manténgase organizado, esté al tanto de sus tareas y trabaje más rápidamente para alcanzar sus objetivos.

Capítulo Nueve

Crear y organizar notas

1. En la pantalla de inicio, busque y toque el ícono de la aplicación "Notas". Una libreta amarilla y un bolígrafo blanco parecen ser lo que es.
2. **Iniciar una nueva nota:** en la esquina inferior derecha, presione el botón "+ Nueva nota" para agregar una nueva nota. Esto inicia un mensaje completamente nuevo.

Agregue información a su nota: puede escribir algo o pegarlo en la pantalla de edición de notas. Al elegir el tipo de información que desea agregar y presionar el botón "+" en la parte inferior, también puede incluir imágenes, dibujos, enlaces y más.

3. **Organización de sus notas:** para organizar sus notas, cree carpetas. Para editar un mensaje, presione "Editar" en la parte superior derecha después de tocar "Notas" en la parte superior izquierda para acceder a su lista de notas.
4. Asígnale un nombre tocando "Nueva carpeta". Las notas se pueden arrastrar a carpetas para organizarlas.
5. **Asegure sus notas:** puede bloquear cualquier nota confidencial o delicada que

tenga. Para cerrar un mensaje en la lista, presione el símbolo de candado y deslícese hacia la izquierda.

6. **Listas de verificación** : en la pantalla de edición de notas, elija el símbolo de la lista de verificación para crear una lista. Para recordar sus tareas pendientes, utilice casillas de verificación.

7. **Formato de texto:** utilizando la barra de herramientas de formato en la parte inferior, seleccione el texto que desea formatear. Los estilos, tamaños, colores y variaciones de fuente son todos personalizables.

8. **Dibujar y garabatear:** para dibujar o dibujar dentro de un mensaje, toque el símbolo de dibujo. Hay diferentes herramientas de dibujo y colores disponibles.

9. **Incluir archivos y fotos:** Al usar el botón "+", puede cargar archivos desde su iCloud Drive, escanear documentos e ingresar fotografías desde el carrete de su cámara.

10. **Insertar enlaces:** al seleccionar el texto al que desea conectarse, presionar el botón de formato y seleccionar la opción de enlace, puede insertar un enlace. Sus notas ahora tendrán hipervínculos en los que se puede hacer clic.

11. **Colaborar con otros:** Puede cooperar con otros enviándoles copias de sus notas. Elija si los

colaboradores pueden ver o tanto el mensaje como sus colaboradores tocando el ícono de compartir.

12. **Buscar notas: -** Para localizar rápidamente notas específicas, presione el botón de búsqueda en la parte superior y escriba términos en el cuadro de búsqueda.

13. Puede exportar sus notas como archivos PDF u otros tipos de archivos. Seleccione "exportar" tocando el símbolo de compartir.

14. **Eliminar y recuperar notas:** al deslizar hacia la izquierda una nota en la lista y seleccionar "Eliminar", puede eliminarla. Los mensajes que se han eliminado se guardan en la sección "Eliminados recientemente", donde puedes restaurarlos o borrarlos por completo.

15. **Transferir notas entre carpetas: -** Para transferir una nota a otra carpeta, haga clic en el mensaje, presione el ícono de tres puntos y luego elija "Mover a..."

Puede escribir, editar y organizar sus notas de manera eficiente en su iPhone 15 usando la aplicación Notas siguiendo estas instrucciones. Es sencillo realizar un seguimiento de la información, anotar ideas y mantenerse organizado con la ayuda de esta herramienta multipropósito.

Gestión de archivos

La aplicación Archivos hace que la administración de archivos en su iPhone 15 sea más simple y flexible. A continuación se ofrece un consejo sobre cómo acceder a su material en su teléfono inteligente y administrar sus archivos de manera eficiente:

1. Primero abra la aplicación Archivos: busque el ícono de la aplicación "Archivos" en la pantalla de inicio y luego presiónelo. Parece una carpeta de archivos azul.
2. Explorar lugares: la pestaña "Examinar" de la aplicación Archivos muestra todas las ubicaciones de archivos a las que puede acceder. Tiene acceso al almacenamiento integrado en su dispositivo, iCloud Drive, servicios en la nube vinculados (como Google Drive y Dropbox) y más.
3. Administrar y explorar archivos: para explorar los archivos y carpetas incluidos en un lugar, tóquelo. Puede cambiar el nombre de archivos, mover directorios y cambiar entre vistas de cuadrícula y de lista, entre otras posibilidades.
4. iCloud Drive: la opción de almacenamiento en la nube de Apple es iCloud Drive. Para acceder cómodamente a todos sus dispositivos Apple, guarde archivos y documentos en iCloud Drive.

5. En Mi [Nombre de su dispositivo]: esta ubicación alberga los archivos de su iPhone 15. Desde aplicaciones compatibles con la aplicación Archivos, puede acceder a sus descargas, archivos y documentos guardados localmente.

6. Servicios Party Cloud: la aplicación Archivos le permite conectarse con soluciones de almacenamiento en la nube externas como Google Drive, Dropbox o OneDrive . Incluya estos servicios en "Ubicaciones".

7. Escáner de documentos: la aplicación Archivos tiene un escáner de documentos incorporado que le permitirá escanear recibos, documentos y más. Al seleccionar "Escanear documento" en el menú de tres puntos (puntos suspensivos), puede utilizar esta capacidad.

8. Etiquetas: Para organizar y clasificar sus archivos, utilice etiquetas. Puede crear sus etiquetas y aplicarlas a archivos y carpetas específicos.

9. Búsqueda y respuestas instantáneas: puede descubrir archivos rápidamente por nombre usando el cuadro de búsqueda en la parte superior de la aplicación Archivos. Además, puede obtener accesos directos para compartir, transferir y otras operaciones manteniendo presionado un archivo.

10. Intercambiar archivos: la aplicación Archivos le permite intercambiar archivos directamente. Después de seleccionar un archivo, toque el ícono de compartir. Puede transmitir archivos a otras aplicaciones, correos electrónicos, mensajes y AirDrop .

11. Editar archivos: - Con aplicaciones compatibles, puede editar ciertos tipos de archivos, como hojas de cálculo y documentos de texto, directamente en la aplicación Archivos.

12. Comprimir y descomprimir datos Zip: el programa Archivos le permite comprimir datos en archivos Zip y recuperar archivos de archivos Zip.

13. Mover y copiar archivos: puede mover y copiar archivos arrastrándolos y soltándolos en la aplicación Archivos o usando las funciones de cortar y pegar.

Eliminar un archivo es tan simple como deslizar el dedo hacia la izquierda en un archivo y seleccionar "Eliminar". Los archivos eliminados se transferirán al área "Eliminados recientemente", donde podrá restaurarlos o dejarlos allí de forma permanente.

15. En Mi [Nombre de la aplicación]: algunas aplicaciones usan sus carpetas en la aplicación Archivos para almacenar archivos. Se puede acceder a estos archivos a través de "En mi [nombre de la aplicación]".

Puede administrar sus archivos, organizar su material y acceder a sus documentos y medios de manera efectiva desde numerosos lugares, tanto localmente como en la nube, siguiendo estas instrucciones y utilizando la aplicación Archivos en su iPhone 15.

Mapas y navegación

La aplicación Mapas de tu iPhone 15 es una herramienta eficaz para desplazarte, encontrar lugares y ver el mundo. Aquí hay un tutorial sobre cómo utilizar Maps para diferentes tareas, como localizar ubicaciones y obtener direcciones:

Iniciar la aplicación Mapas

1. Busque el ícono de la aplicación "Mapas" en su pantalla de inicio y presiónelo. Parece un mapa con un marcador de lugar.
2. Localizar un lugar: para localizar un lugar, dirección o punto de interés, utilice el cuadro de búsqueda en la parte superior. Ingrese el nombre o la dirección y Maps ofrecerá posibles coincidencias.
3. Encontrar el camino: ingrese la dirección del lugar donde desea recibir instrucciones en el campo de búsqueda y luego elija "instrucciones". Luego, decida el método de transporte elegido (conducir, caminar, utilizar el transporte público o andar en bicicleta) desde su punto de partida o su posición actual.
4. Alternativas de ruta: De acuerdo con las elecciones del usuario y las circunstancias del tráfico, Maps ofrece varias posibilidades de ruta. Podrás elegir el que mejor se adapte a ti.

5. Navegación por giro: cuando comience su viaje, Maps le proporcionará instrucciones paso a paso guiadas por voz. Para llegar, siga las indicaciones.

6. ETA y tráfico en tiempo real: cuando haya accidentes de tráfico, Maps cambiará su ruta. También proporciona estadísticas de tráfico en tiempo real. También ofrece una ETA o hora aproximada de llegada.

7. Indicaciones para llegar al transporte público: puede utilizar mapas para planificar su viaje en el sistema de transporte público. Pueden mostrarle las opciones de autobús, metro o tren, los horarios e incluso los andenes de las estaciones.

8. Busque localmente: descubra restaurantes, cafeterías, gasolineras y otros sitios locales de interés utilizando la opción "Explorar cerca".

9. Ubicaciones guardadas: al tocar el marcador de ubicación y luego "Guardar", puede guardar sus lugares favoritos. Esto simplifica el regreso a lugares populares.

10. Comparta su ETA: puede informar a sus seres queridos su hora estimada de llegada actual. Mientras navega, seleccione "Compartir ETA" para enviar un mensaje con su hora prevista de llegada.

11. Haga reservas: - Si ubica un restaurante u otro establecimiento en Maps, puede usar servicios integrados como OpenTable y Uber para hacer reservas, ordenar entregas o reservar viajes.

12. Mapas sin conexión: puede descargar mapas para usarlos sin conexión. Para elegir una región para descargar, toque su foto de perfil y luego seleccione "Descargar mapas".

13. Integración de Siri : para obtener direcciones, buscar ubicaciones cercanas o comprobar el tráfico, utilice los comandos de voz de Siri . Di "Hola Siri " y luego haz tu solicitud.

14. Street View y Flyover: la función "Street View" en Maps le permite explorar calles y vecindarios virtualmente. Además, algunas ciudades ofrecen vistas 3D "sobrevuelos" para un punto de vista diferente.

15. Mapas interiores: Hay mapas interiores disponibles en algunos de los principales aeropuertos, centros comerciales y otros edificios grandes para ayudar en la navegación.

La aplicación Mapas de tu iPhone 15 puede ayudarte a localizar lugares, obtener direcciones precisas y explorar fácilmente tus alrededores con la ayuda de estas funciones. Es una herramienta valiosa tanto para la navegación rutinaria como para la preparación de viajes.

Obtener dirección

La aplicación Mapas integrada en tu iPhone 15 hace que obtener instrucciones sea sencillo y práctico. A continuación se enumeran instrucciones paso a paso sobre cómo recibir indicaciones para llegar a un lugar en particular:

1. Primero abra la aplicación Mapas: en la pantalla de inicio, ubique y presione el ícono de la aplicación "Mapas", que parece un mapa con un marcador de ubicación.
2. Ingrese la ubicación: hay una barra de búsqueda ubicada en la parte superior de la aplicación Mapas. Tóquelo y luego ingrese el nombre, la ubicación o el lugar de interés de su destino. Maps proporcionará sugerencias de ubicación a medida que ingrese. Selecciónelo tocándolo en la lista.
3. Determine su punto de inicio: los mapas comenzarán automáticamente desde el lugar en el que se encuentra ahora. Toque la sección "Su área" y escriba una nueva dirección o área si desea cambiarla.
4. Elija un modo de transporte: muchos símbolos representan varios medios de transporte, como conducir, caminar, usar el transporte público y andar en bicicleta, debajo del destino. Seleccione el modo apropiado tocándolo.

5. Obtener direcciones: toque el botón "Direcciones" después de haber determinado su lugar de inicio, destino y método de transporte. Maps calculará la ruta y le proporcionará instrucciones detalladas.

6. Alternativas de ruta: Dependiendo del tráfico y de las elecciones del usuario, los mapas pueden ofrecer varias posibilidades de ruta. Podrás navegar por ellas y elegir la que mejor se adapte a tus necesidades.

7. Inicie su navegación: toque "Iniciar" cuando esté listo para comenzar su aventura. Las instrucciones paso a paso con ayuda de audio estarán disponibles en Maps. Para llegar sólo hay que seguir las indicaciones.

8. Proporcione una ETA: durante la navegación, elija "Compartir ETA" si desea que otras personas sepan cuándo planea llegar. Esto le permite comunicarse con amigos y familiares con su ETA actual.

9. Detener o Salir de la Navegación: Al tocar los botones respectivos en la pantalla mientras navega, podrá detener la ruta o detener el proceso por completo. Si necesita hacer una pausa por un momento sin desviarse de su rumbo, hacer una pausa es útil.

10. Aceptar llamadas y mensajes: al aceptar llamadas o mensajes mientras ofrece instrucciones, Maps se ajustará y continuará.

11. Rutas Alternativas: Mientras navega, puede examinar otras rutas presionando el ícono "Rutas". Podrás comparar cursos de esta forma y elegir el que mejor se adapte a tus gustos.

12. Examinar la ruta: - Puede examinar la ruta completa en cualquier momento durante su viaje presionando el ícono de descripción general de la ruta en la pantalla.

13. Integración de Siri : - Puede pedirle direcciones a Siri mediante instrucciones de voz. Di "Hola Siri ", seguido del lugar al que deseas recibir instrucciones y Siri responderá.

Con la aplicación Mapas de tu iPhone 15, puedes obtener rápidamente indicaciones precisas para llegar a cualquier ubicación siguiendo estas instrucciones. Su iPhone puede ayudarle a navegar y llegar rápidamente a su sitio, ya sea que esté conduciendo, caminando, usando el transporte público o en bicicleta.

Capítulo Diez

Administre sus objetivos de salud y estado físico utilizando las herramientas y aplicaciones que vienen con su iPhone 15. Aquí hay un manual sobre cómo usar estas herramientas de manera eficiente:

1. Aplicación de salud: su recurso de referencia para obtener información sobre salud y estado físico es la aplicación Salud. Puede vincularse a otras aplicaciones y dispositivos y medir una variedad de parámetros de salud.

2. Configuración de datos de salud: cuando la aplicación Salud esté abierta, elija "Examinar" en el menú inferior. Para ingresar sus datos de salud, como edad, sexo, peso y altura, toque "Perfil".

3. Información de salud: la aplicación Salud puede sincronizarse con su proveedor de atención médica para guardar y acceder a su historial médico, incluida información sobre resultados de pruebas, recetas y vacunas.

4. Categorías de datos de salud: para realizar un seguimiento de métricas como pasos, frecuencia cardíaca, sueño y más, explore el

área "Categorías de salud". Tiene la opción de agregar datos manualmente o dejar que los gadgets y aplicaciones los completen automáticamente.

5. Historial médico: puede ver su información médica de forma segura y conectarse con sus profesionales de la salud a través de la función Información de salud.

6. Actividad y estado físico: la aplicación Salud realiza un seguimiento de todos sus movimientos, incluidos sus pasos, la distancia recorrida, los vuelos subidos y más. Además, le brinda un resumen de sus actividades y ejercicios diarios.

7. Ejercicio: puede ingresar prácticas manualmente en el área de "ejercicios" o utilizar la herramienta de seguimiento de entrenamiento incorporada para realizar un seguimiento de actividades como andar en bicicleta, caminar y correr.

8. Tendencias: el área de "patrones" le brinda un resumen completo de sus patrones de datos de salud, lo que hace que sea más sencillo realizar un seguimiento de su progreso y crear objetivos.

9. Fuentes de datos de salud: puede controlar qué aplicaciones y dispositivos proporcionan datos a su aplicación Salud en "Fuentes". Las categorías de datos específicas están

sujetas a restricciones o concesiones de acceso.

10. Identificación médica y SOS de emergencia: puede comunicarse instantáneamente con los servicios de emergencia utilizando la función SOS de emergencia en su iPhone. Además, puede configurar una identificación médica para que muestre datos de salud vitales incluso cuando su teléfono esté bloqueado.

11. Aplicaciones para ejercicio y bienestar: busque en App Store una variedad de aplicaciones para ejercicio y bienestar que puedan monitorear los entrenamientos, ofrecer actividades guiadas y brindar orientación dietética.

12. Seguimiento del estado físico del Apple Watch: - Si tiene un Apple Watch, puede sincronizarlo fácilmente con su iPhone para monitorear su salud y estado físico en tiempo real. Le permite controlar su frecuencia cardíaca, actividades e incluso lecturas de ECG.

13. Apple Ejercicio+: como servicio de suscripción, Apple Fitness+ ofrece una variedad de cursos de ejercicios a pedido, como yoga, HIIT y otros. Podría ser una fantástica adición a su régimen de ejercicio.

14. Seguimiento del sueño: mediante aplicaciones o dispositivos de terceros, puede controlar su sueño, lo que puede proporcionarle información sobre la cantidad y calidad de su sueño.

15. Cree y controle objetivos de salud y ejercicio con la aplicación Salud. Puede realizar un seguimiento de su desarrollo y mantener la motivación al hacer esto.

Su iPhone 15 es una herramienta eficaz para realizar un seguimiento de su estado físico y salud. Puede realizar un seguimiento de su bienestar y tomar decisiones de salud inteligentes utilizando la aplicación Salud, Apple Watch, aplicaciones de fitness y otros servicios relacionados con la salud.

Usando Apple Wallet y Passbook

En su iPhone 15, Apple Wallet, anteriormente conocido como Passbook, es un organizador y billetera digital funcional. Le permite guardar y administrar una variedad de cosas, incluidos boletos, tarjetas de embarque, tarjetas de fidelidad y más. Cómo utilizar correctamente Apple Wallet es el siguiente:

1. Para usar Apple Wallet: busque la aplicación "Wallet" en su pantalla de inicio y luego presiónela. Un círculo blanco en el centro de un cuadrado azul forma el ícono de Wallet.

2. Agregar pases y tarjetas: hay muchas formas de agregar tarjetas y pases a su Wallet, que incluyen:

Agregar pases automáticamente: algunas aplicaciones y sitios web le permiten agregar pases directamente a su billetera. Cuando se le solicite, toque el botón "Agregar a Wallet".

En ausencia de un mensaje, puede agregar pases manualmente. Para escanear un código de barras o un código QR o ingresar información manualmente, abra Wallet, presione el botón "+" en la esquina superior derecha y luego siga las instrucciones en pantalla.

1. Configurar pases: los pases aparecerán en la aplicación Wallet después de que los hayas agregado. Tarjetas de embarque, boletos, tarjetas de pago y otras categorías son solo algunos de los grupos en los que puede organizarlos.

2. Usar permisos: puede examinar la información de cada pase tocándolo en la aplicación Wallet, o puede mostrarlo cuando sea necesario, como cuando necesita abordar un vuelo o ingresar a un lugar para una actuación.

3. Apple Pay: Apple Pay y Your Wallet están integrados. Si vincula sus tarjetas de crédito y débito a Wallet, puede usar su iPhone para realizar compras sin contacto en empresas que lo acepten.

4. Alertas y notificaciones basadas en la ubicación: algunos pases, incluidos pases de avión y boletos para eventos, pueden iniciar alertas o notificaciones basadas en la ubicación. Cuando vaya al aeropuerto, por ejemplo, su iPhone puede mostrar instantáneamente su permiso de embarque.

5. Tarjetas de control: En Wallet, puede agregar, eliminar o administrar tarjetas de crédito y débito. Podrás realizar pagos sin contacto seguros con estas tarjetas.

6. Historial de Passbook: una versión mejorada de Passbook es Apple Wallet. La billetera de su iPhone 15 debería haber transferido todos los pases y tarjetas que tenía en Passbook.

7. Compartir pases: a través de correo electrónico o mensajes, puede distribuir pases y boletos a otras personas. Es útil para dar acceso a amigos o familiares a entradas para eventos.

10. Almacenamiento y distribución de tarjetas de embarque: Para facilitar el viaje, puede conservar las tarjetas de embarque de las aerolíneas. Hoy en día, muchas aerolíneas ofrecen permisos de embarque móviles que se pueden cargar instantáneamente en Wallet.

Para compras sin contacto rápidas y seguras, puede almacenar tarjetas de pago. Estas tarjetas se

agregan a Apple Pay y funcionan en una variedad
de tiendas.

12. Cupones y tarjetas de fidelidad: - Para un
acceso y uso convenientes, muchos restaurantes y
establecimientos minoristas ofrecen cupones
digitales y tarjetas de fidelidad que pueden
vincularse a Wallet.

13. Integración con otras aplicaciones: - Algunas
aplicaciones y servicios de terceros se vinculan
con Wallet y brindan características y capacidades
adicionales para almacenar y administrar activos
digitales.

Para manejar pases digitales, tarjetas de crédito y
más en su iPhone 15, use Apple Wallet. No sólo
hace la vida más fácil, sino que también reduce la
necesidad de billetes y tarjetas en papel.

El iPhone 15 tiene Face ID y Touch ID, dos tecnologías de autenticación biométrica de vanguardia que brindan una gran seguridad para desbloquear su teléfono inteligente y aprobar transacciones. Aquí se explica cómo utilizarlos y cómo funcionan.

Face ID: Face ID autentica y desbloquea su iPhone mediante tecnologías de reconocimiento facial. Es un método seguro y práctico para obtener acceso a su dispositivo y otorgar permiso para diferentes tareas.

Instalación de identificación facial

Desde el menú "Configuración" de tu iPhone.
Toca "Face ID y contraseña" después de desplazarte hacia abajo.
La contraseña de su dispositivo. Después de seleccionar "Configurar Face ID", siga las instrucciones en pantalla.
Para capturar su rostro desde varios ángulos, colóquelo dentro del marco en pantalla y gire la cabeza en círculo.
Su iPhone ahora está configurado para utilizar Face ID cuando finalice la configuración.

Utilizando Face ID

Levanta tu iPhone para desbloquearlo e intentará identificar tu rostro. El dispositivo se abrirá una vez que detecte tu rostro.

Para transacciones de Apple Pay, compras en App
Store y una variedad de aplicaciones de terceros
que admiten Face ID, también puede utilizar Face
ID.

Funciones de seguridad de Face ID

Face ID es muy seguro porque crea un modelo 3D de tu rostro utilizando tecnologías de detección de profundidad. Está diseñado para funcionar incluso si modifica significativamente su apariencia (por ejemplo, comienza a dejarse crecer la barba o usa anteojos).

Face ID es resistente a la mayoría de imágenes, máscaras y esfuerzos de suplantación.

Los datos de su rostro se conservan de forma segura en el dispositivo y nunca se envían a iCloud ni se guardan en los servidores de Apple.

Touch ID: utiliza tu huella digital registrada. La tecnología de reconocimiento de huellas dactilares de Touch ID le permite desbloquear su iPhone y aprobar actividades.

Configurar ID táctil

Desde el menú "Configuración" de tu iPhone.

Toca "Touch ID y contraseña" después de desplazarte hacia abajo.

La contraseña de su dispositivo, por favor.

Después de seleccionar "Agregar una huella digital", siga las instrucciones en pantalla.

Para finalizar la configuración, presione repetidamente el botón Inicio con el dedo.

Emplear Touch ID

Presione el botón lateral (en modelos sin botón de Inicio) o el botón de Inicio (si su dispositivo tiene uno) mientras coloca su dedo registrado en el sensor Touch ID para desbloquear su iPhone.

Dependiendo de las aplicaciones que utilice, también puede utilizar Touch ID para transacciones de Apple Pay y autenticación de aplicaciones.

Protección de Touch ID
Touch ID es increíblemente seguro y tiene un porcentaje exiguo de reconocimientos de huellas dactilares falsos positivos. El enclave seguro de su iPhone contiene los datos de huellas dactilares a los que Apple no tiene acceso.
Seleccionar entre Touch ID y Face ID :
Dependiendo de las capacidades de su dispositivo, puede activar y utilizar Face ID o Touch ID.
Puedes elegir el que prefieras si tu dispositivo tiene ambos.
Dependiendo del caso de uso o de tus preferencias, podrías tomar una decisión diferente. Cuando tienes las manos ocupadas, Face ID es útil, pero Touch ID es útil para desbloqueos rápidos.
Para su iPhone 15, tanto Face ID como Touch ID brindan una seguridad sólida, asegurando la protección tanto de su dispositivo como de sus datos privados. La técnica de autenticación que elija depende de sus requisitos y preferencias.

iCloud y copia de seguridad de datos

Para realizar copias de seguridad de datos y seguridad de la información en su iPhone 15, debe utilizar iCloud , el servicio de sincronización y almacenamiento en la nube de Apple. A continuación se explica cómo administrar y realizar copias de seguridad de datos con iCloud :

Instalar iCloud :

1. Primero debes configurar iCloud en tu iPhone antes de poder usarlo como copia de seguridad. Inicie sesión con su ID de Apple o establezca una cuenta si aún no tiene una, vaya a "Configuración" > [Su nombre] (en la parte superior) > " iCloud ".

2. **de iCloud :** cuando su iPhone está bloqueado, cargándose y conectado a Wi-Fi, iCloud realiza una copia de seguridad automáticamente. A continuación, le indicamos cómo activar o verificar el estado de su copia de seguridad: Vaya a " iCloud " > " Copia de seguridad de iCloud " en "Configuración". Activa " Copia de seguridad de iCloud " si aún no lo está. Para iniciar manualmente una copia de seguridad, toque "Hacer copia de seguridad ahora ".

Qué copias de seguridad de iCloud :

1. de iCloud incluyen datos de aplicaciones, configuraciones del dispositivo, fotografías y videos del Camera Roll, iMessages , mensajes SMS, organización del dispositivo y más. Aunque puede volver a descargarlos desde iTunes Store si es necesario, no realiza copias de seguridad de la música ni de las películas compradas a través de iTunes.

Controla tu almacenamiento de iCloud

1. Obtienes 5 GB de almacenamiento en iCloud gratis, pero puedes agregar más si lo necesitas. Para mantener o mejorar el almacenamiento: navega a " iCloud " > "Administrar almacenamiento" > "Cambiar plan de almacenamiento" en "Configuración".
2. **iCloud Drive:** puedes guardar documentos y otras cosas en iCloud usando iCloud Drive. Se puede acceder a ellos desde cualquier dispositivo que tenga el mismo ID de Apple registrado.

Para guardar y sincronizar documentos en iCloud Drive, utilice programas como Pages, Numbers y Keynote.

1. **Imágenes:** puedes ver tus imágenes y videos desde cualquier dispositivo gracias a Fotos de iCloud , que carga y guarda automáticamente tus medios en la nube. Para activar Fotos de iCloud , vaya a "Fotos" en "Configuración" y active " Fotos de iCloud ".
2. **de iCloud :** las contraseñas, los números de tarjetas de crédito y la información de la red Wi-Fi se almacenan de forma segura en el Llavero de iCloud . Sincroniza esta información entre todos sus dispositivos

Apple. En "Configuración" > [Su nombre] >
" iCloud " > "Llavero", habilite Llavero de
iCloud .

3. **Localizar mi:** si pierde su iPhone o se lo
   roban, puede encontrarlo a través de "Buscar
   mi". Para proteger sus datos, también puede
   usarlos para eliminar su dispositivo de forma
   remota.

En "Configuración" > [Su nombre] > "Buscar mi"
> "Buscar mi iPhone", active "Buscar mi iPhone".

1. **Haga una copia de seguridad manual de
   sus datos:** la copia de seguridad manual de
   su iPhone siempre está disponible. Puedes
   hacerlo tocando "Hacer copia de seguridad
   ahora " después de ir a "Configuración" >
   [Tu nombre] > " iCloud " > " Copia de
   seguridad de iCloud ".

10 . Restauración de copia de seguridad **de iCloud
:** durante el primer procedimiento de
configuración, tienes la opción de restaurar tu
iPhone o configurar uno nuevo usando una copia
de seguridad de iCloud .

11. **Descargue datos de iCloud :** al ir a
iCloud.com en un navegador web, puede ver sus
datos de iCloud . Para acceder y recuperar sus
datos guardados, inicie sesión con su ID de Apple.
Puedes asegurarte de que los datos de tu iPhone 15
estén respaldados de forma segura, sincronizados
entre dispositivos y disponibles cuando sea
necesario mediante iCloud . Es un servicio esencial

para proteger sus datos y asegurarse de que sus dispositivos Apple funcionen juntos sin problemas.

Acceso directo y automatización

En tu iPhone 15, los atajos y la automatización en iOS te permiten simplificar y automatizar una variedad de operaciones, mejorando la efectividad de tus rutinas diarias. A continuación se explica cómo utilizar sabiamente la automatización y los atajos:

Aplicación para atajos:

Puedes diseñar secuencias de acción únicas que la aplicación Atajos puede activar con un solo toque o comando de voz.

Crear un atajo: abre la aplicación Atajos de tu iPhone. Para agregar un nuevo acceso directo, toque el signo "+" en la esquina superior derecha. Para agregar actividades o acciones de aplicaciones específicas a su acceso directo, use el campo de búsqueda. El botón "Agregar acción" también le permite crear acciones personalizadas utilizando una variedad de entradas.

Haga suyo su atajo:

Después de agregar acciones, puede editar el acceso directo presionando los pasos agregados para cambiar los parámetros, entradas y salidas. Para hacer que su atajo sea más dinámico, use variables, condiciones y bucles.

El nombre de su acceso directo: asigne un nombre y un ícono a su acceso directo para que los usuarios puedan reconocerlo rápidamente en la pantalla de inicio o en la aplicación Atajos.

<u>Ejecute su acceso directo:</u>
Si ha puesto su acceso directo en su pantalla de inicio, puede ejecutarlo presionándolo allí o en la aplicación Atajos. Siri también admite comandos de voz para atajos activados por voz.

<u>Automatización:</u> puede crear procesos automatizados o activadores de automatización en iOS . La automatización puede depender de la hora, el lugar, la ubicación, el uso de la aplicación o ciertos sucesos.

<u>Ilustraciones de automatización:</u> puede programar la automatización para iniciar una aplicación específica cuando se conecta al Bluetooth de su automóvil, enviar un mensaje de texto particular cuando llega al trabajo o apagar automáticamente el Wi-Fi cuando sale de casa.

<u>Configurar la automatización:</u>
Vaya a la pestaña "Automatización" en la aplicación Atajos. Para crear una nueva automatización, utilice el botón "+". Seleccione el desencadenante o la condición de la automatización y luego configure las actividades conectadas.

<u>Automatización individual:</u>
Puede configurar tareas automatizadas que se ajusten a su horario diario. Diseñe automatizaciones que comiencen cuando inicie ciertas aplicaciones, conecte auriculares o reciba alertas específicas, por ejemplo.

<u>**Importar atajos prediseñados:**</u> al importar atajos prediseñados desde la Galería de atajos, puede ahorrar tiempo y esfuerzo al no tener que crear los suyos propios.

<u>**Compartir accesos directos:**</u> puede descargar accesos directos creados por el usuario o compartir accesos directos personalizados con otras personas.

<u>**Automatizaciones perfectas**</u> : es fundamental ajustar las automatizaciones para evitar actividades excesivas o no deseadas. Podrías restringir el período de tiempo o el conjunto de requisitos de una automatización , por ejemplo.

Solución de problemas

Puede resultar molesto tener dificultades con su iPhone 15, pero muchos problemas típicos tienen soluciones sencillas. Para ayudarle a resolver algunos de estos problemas, a continuación encontrará una guía de solución de problemas:

1. Drenaje de carga: verifique Configuración > energía para aplicaciones que consumen mucha energía si la batería se está agotando rápidamente. Además, puede activar el modo de bajo consumo y reducir el brillo de la pantalla.

2. Fallos de la aplicación: deslice la aplicación problemática fuera de la pantalla haciendo doble clic en el botón de inicio (o usando movimientos para hacerlo). Examine iOS en busca de cambios o actualice la aplicación.

3. Eficiencia lenta: intente reiniciar su iPhone si funciona con lentitud. También puede liberar almacenamiento desinstalando programas, imágenes y datos innecesarios.

4. Una pantalla que no responde: fuerce el reinicio de su dispositivo (varía según el modelo) si su pantalla no responde. Si nada de esto ayuda, habla con el Soporte técnico de Apple.

5. Problemas de Wi-Fi: active y desactive Wi-Fi, olvide la red, luego vuelva a unirse o restablezca la configuración de red en Configuración > General > Restablecer >

Restablecer configuración de red para solucionar problemas de Wi-Fi.

6. Problemas con la conexión celular: intente activar y desactivar el Modo avión, borrar la configuración de red o comunicarse con su proveedor si tiene dificultades para conectarse a la red celular.

7. Problemas con Bluetooth: intente desconectar y volver a conectar su dispositivo, encender y apagar Bluetooth o restablecer la configuración de red para ver si se resuelve algún problema con Bluetooth.

8. Sin problemas de audio o sonido: comprueba las opciones de volumen y silencio de tu smartphone. Además, puede reiniciar su iPhone y buscar en el área Sonido y hápticos oportunidades relacionadas con el audio.

9. Problemas con la App Store: verifique su conexión a Internet, cierre sesión y vuelva a iniciarla con su ID de Apple, o actualice a la versión más reciente de iOS si tiene problemas al utilizar la App Store.

10. Problemas relacionados con el GPS o la ubicación: asegúrese de que su teléfono inteligente tenga acceso libre al cielo y que las aplicaciones afectadas tengan habilitados los servicios de ubicación. Restablecer su ubicación y configuración de privacidad es otra opción.

11. Congelación o falla: intente actualizar a la versión más reciente de iOS , forzar un reinicio o restaurar su dispositivo desde una copia de seguridad si su iPhone se congela o falla rutinariamente.

12. Sobrecalentamiento: el uso excesivo o la exposición a ambientes calurosos pueden provocar un sobrecalentamiento. Use menos o trasládese a un área más relajada.

13. Problemas con su ID o contraseña de Apple: si tiene problemas con su ID o contraseña de Apple, puede restablecerlos en el sitio web de Apple o comunicándose con el Soporte técnico de Apple.

14. Aplicaciones que no responden: deslice la aplicación fuera de la pantalla después de forzar su cierre haciendo doble clic en el botón de inicio o utilizando gestos. Reinicie la aplicación.

15. Atascado en el logotipo de Apple: Intente reiniciar a la fuerza su teléfono inteligente si está atascado en el logotipo de Apple. Considere recuperar su iPhone usando iTunes si eso no funciona.

16. Sin servicio: Intente restablecer la configuración de red, insertando correctamente la tarjeta SIM o comunicándose con su proveedor si su teléfono inteligente muestra "Sin servicio".

17. Cámara que funciona mal: reinicie su teléfono inteligente y actualice a la versión más reciente de iOS si su cámara no funciona. Póngase en contacto

con el soporte técnico de Apple si el problema
continúa.

18. Problemas de actualización del sistema: si
tienes problemas para actualizar tu iOS , verifica si
tienes una conexión a Internet confiable,
almacenamiento adecuado y un dispositivo
compatible.

Considere llamar al soporte técnico de Apple,
visitar una Apple Store o buscar un proveedor de
servicios autorizado para obtener ayuda más
sofisticada si ha intentado los procedimientos de
solución de problemas para un problema en
particular, pero persiste.

Actualización a la última versión de iOS

Es esencial actualizar su iPhone 15 a la versión más reciente de iOS para que pueda disfrutar de las funciones, mejoras y actualizaciones de seguridad más recientes. A continuación te explicamos cómo actualizar el sistema operativo de tu iPhone:

1. Verifique la compatibilidad: asegúrese de que su modelo de iPhone 15 sea compatible con la versión más reciente de iOS antes de actualizar. En ocasiones, Apple interrumpe el soporte para dispositivos obsoletos .

2. Haz una copia de seguridad de los datos: antes de actualizar, debes hacer una copia de seguridad de tu iPhone en caso de que algo salga mal. Para hacer una copia de seguridad, utilice iTunes o iCloud .

3. de iTunes : seleccione "Hacer copia de seguridad ahora" en "Configuración" > [Su nombre] > " iCloud " > " Copia de seguridad de iCloud ".

4. Finder/Copia de seguridad de iTunes: abra iTunes (macOS Catalina y posterior) o el Finder (macOS Catalina y posterior) y elija su iPhone desde la computadora conectada. Para regresar ahora, haga clic.

5. Establezca Wi-Fi: garantice una conexión Wi-Fi confiable para su iPhone. El uso de datos móviles para descargar la

actualización de iOS puede generar cargos adicionales.

6. Conecte su dispositivo: conecte su iPhone a una fuente de alimentación o asegúrese de que tenga suficiente carga para evitar quedarse sin energía mientras se realiza la actualización. Vaya a "Configuración" > "General" > "Actualización de software" para ver si ha habido actualizaciones recientes de iOS .

7. Instalar y descargar: haga clic en "Descargar e instalar" para ver si hay una actualización disponible. Podría aparecer un mensaje de ingreso de contraseña. Comenzará la descarga de la actualización.

8. Realice la actualización: toque "Instalar" cuando se complete la descarga. Reiniciar su dispositivo iniciará el proceso de instalación. Podría tomar un tiempo.

9. Siga las instrucciones en pantalla: es posible que deba ingresar la contraseña de su ID de Apple o aceptar los términos y condiciones durante la actualización.

10. Espere a que finalice: al finalizar la instalación, su iPhone se reiniciará. Para abrir el teléfono inteligente, es posible que deba ingresar su contraseña.

11. Busque más actualizaciones: es una buena idea consultar el área "Actualización de software" para ver si hay actualizaciones

posteriores después de descargar la actualización importante de iOS para asegurarse de que su dispositivo esté actualizado.

12. Restaurar desde la copia de seguridad: después de la actualización, puede recuperar sus datos utilizando la copia de seguridad que realizó en el paso 2. Para lograr esto, haga clic en "Restaurar copia de seguridad" en "Configuración" > [Su nombre] > " iCloud " > " Copia de seguridad de iCloud . " También puede conectar su dispositivo a su computadora y elegir "Restaurar copia de seguridad" en iTunes/Finder si utilizó esos programas anteriormente.

Al actualizar a la versión más reciente de iOS , puede estar seguro de que su iPhone 15 utiliza el sistema operativo más actualizado con las funciones y actualizaciones de seguridad más recientes. Si sigue estas sencillas instrucciones, podrá mantener su dispositivo actualizado y funcionando con la máxima eficiencia.